Oeuvres de Andr

Une Idylle normande.

Le Moulin des Prés.—Alise d'Évran.

André Lemoyne

Alpha Editions

This edition published in 2024

ISBN : 9789357968270

Design and Setting By
Alpha Editions
www.alphaedis.com
Email - info@alphaedis.com

Contents

UNE IDYLLE NORMANDE

Ouvrage couronné par l'Académie française

A Jules Sandeau.

I

Le comte Henri de Morsalines avait sa trentaine sonnée depuis deux mois et cinq jours, le 15 avril 1860. Son père, ancien armateur du Havre, n'avait pas cru trop déroger en gagnant, à grande vitesse, en toute probité du reste, l'argent fiévreux des affaires. De larges entreprises maritimes, confiées à d'intelligents capitaines et favorisées d'une heureuse étoile et d'un bon vent, l'avaient promptement enrichi. Il avait eu l'esprit de se retirer en veine de gain, et d'acheter écus comptants plusieurs grosses fermes dans la haute et la basse Normandie; son fils unique n'avait eu que la peine de naître, en vrai fils de roi, dans la plume de grèbe. Comme ceux à qui tout vient à souhait, il n'avait presque jamais rien désiré. Ayant reçu une très belle éducation, du reste, au collège Henri IV, et fait son droit comme tout le monde, il se trouvait à sa majorité possesseur de trois cent bonnes mille livres de rentes, en revenus de bien-fonds, qui ne roulent pas comme des pièces d'or et ne s'envolent pas comme des billets. Dans ces conditions, on est à peu près libre, de nos jours. Sans être un homme de génie, il était fort intelligent, d'aptitudes variées, et, très heureusement pour un petit monde d'élite, accusait une préférence marquée pour les belles oeuvres d'art, surtout les toiles de paysagistes. Il ne ressemblait en rien à quelques-uns de nos riches prudhommes contemporains qui furètent sans pudeur les ateliers, achètent peu et parfois gratifient l'artiste d'un sourire de commisération gouailleuse à faire lever les épaules des plus humbles. Lui, admirait sérieusement, et payait fort bien. On dit même que plus d'un peintre en détresse avait pu recevoir sans rougir quelque sérieux service de ses belles mains généreuses. Dans le monde des Arts, on ne parlait de lui qu'avec la plus courtoise déférence. Savoir donner de bonne grâce est vraiment si rare, qu'on s'étonne parfois du petit nombre des ingrats.

L'homme physique était grand, vif, alerte, robuste, prompt à la réplique. Un jour de marché, un gars un peu aviné, s'étant permis quelques paroles outrecuidantes sur la fille d'un de ses fermiers, avait été vivement appréhendé au corps, et fait à genoux amende honorable devant la pauvre fille rougissante et confuse. Dans son monde à lui, pour deux ou trois petites affaires d'honneur dont j'oublie l'incident, il s'était fort correctement comporté. De sorte que, si les paysannes le regardaient comme un bon et solide garçon, courageux et bienveillant, les dames du meilleur monde le considéraient comme un parfait gentilhomme. A son âge, il avait un peu navigué, un peu chevauché, un peu joué, un peu aimé, dans le hasard des jours, sans s'être jamais ni trop amusé, ni trop ennuyé. Presque sans s'en apercevoir, il avait tout doucement coulé dans la trentaine en restant garçon. A ceux qui lui demandaient pourquoi il ne s'était pas encore marié, il répondait qu'il n'avait pas eu le temps d'y songer. A ce parfait gentleman, il manquait pourtant quelque chose, je ne sais quoi, un rien, une lueur dans la physionomie; sa mère était morte en lui donnant la vie. Le sourire et le regard maternels n'avaient pas éclairé son berceau.

Ce jour-là, le comte avait passé la matinée à tuer des lapins entre Ravenoville et Saint-Marcouf, dans un pays accidenté dont les vieilles futaies dominent les hauteurs et regardent de fort loin moutonner la grande nappe bleue de la mer, étalée magnifiquement depuis la pointe de la Hougue jusqu'aux grèves amoncelées de la Vire. «Une guerre aux lapins, se disait-il, saint Hubert me pardonne! je suis honteux d'un massacre pareil. Et tout n'est pas détruit. Deux ou trois qu'on oublie en donnent presque un millier l'an après. Quelle fécondité chez ces aimables rongeurs, dans l'insondable mystère de leurs profonds labyrinthes! On parle de la Vénus marine, et la Vénus souterraine, qu'en dira-t-on?... mais je me sens quelque raideur au jarret;» et le chasseur s'allongea, parallèle à son arme, dans l'ombre d'un vieux chêne, en aspirant à petites bouffées un long havane craquant sec, dont il appréciait la valeur, tandis qu'un rossignol tout frais arrivé de la veille inaugurait à plein gosier les premières aubades du printemps.

Accoudé nonchalamment sur un talus de mousse, le comte se prit d'abord à rêver, le regard perdu tout au fond de ces longues avenues où le ciel n'est pas grand de trois aunes, comme aux yeux de Virgile, mais apparaît en demi-lune bleue, si petite, si étroite et si loin qu'on dirait à peine une trouée d'écureuil.

Puis il ramena graduellement ses regards dans le voisinage, au bord d'un chemin creux où le jour tamisé par une haute rangée de hêtres répandait magiquement sa lumière bleuâtre. Là il aperçut quelque chose d'insolite, blanc comme neige, hémisphérique comme un champignon gigantesque. «Tiens! s'exclama-t-il, un parasol de paysagiste ... le parasol et la boîte à couleurs, et la pique et le sac de voyage ... l'équipement complet de l'heureux bohème qui chemine à son gré pour faire ses études en plein air, et replier bagage au bon plaisir de Sa Grâce nomade. J'admire ce fervent adorateur de la nature, si carrément établi dans mon parc réservé; j'aimerais à savoir quelle route il a dû prendre en dehors de ma grille et des murs de clôture, qui n'ont pas une seule brèche. Je ne connais que la taupe et l'hirondelle pour se frayer sans façon un chemin si commode. Après tout, ce rêveur peu soucieux des gardes champêtres m'a tout l'air d'un Juif errant qui serait à la mode. Soyons hospitalier, abordons poliment notre homme.» Et, sans plus attendre, le comte descendit à la rencontre de l'inconnu.

«Monsieur, mille pardons, mais je n'ai pas l'honneur....

—De me connaître? De profil, c'est possible, mais de face....

—Oui, l'oeil et la voix ... mais la barbe me désoriente, et j'ai beau fouiller mes souvenirs....

—Allons, un effort de mémoire ... un portrait de jeune peintre, en habit somptueux comme Breughel de Velours.... Cheveux blonds à torrents. Dans ta galerie, à droite.

—Georges!

—Parbleu....

Et les deux amis s'embrassèrent très cordialement, puis comme d'anciens camarades, revinrent s'asseoir côte à côte sur le talus de mousse, tandis que, surpris de leur indifférence à son égard, le rossignol redoublait de vitesse et d'intensité dans l'émission de ses vocalises.

«Vraiment, dit Henri, je ne t'aurais pas reconnu avec ce masque bronzé, et ta barbe en éventail, comme celle du feu roi mon patron....

—Dame! les soleils étrangers, les fatigues, les années ... sais-tu qu'en voilà sept ou huit?

—Huit ... en réfléchissant ... et, je l'espère, tu nous reviens pour longtemps....

—Qui sait? à une époque d'ordre composite aussi bizarre que la nôtre, les histoires les plus authentiques ressemblent à des aventures de roman, et je ne sais vraiment pas ce que l'avenir me réserve....

—Et tu reviens de fort loin?

—D'Égypte, d'Arabie, de la côte orientale d'Afrique où, entre parenthèses, j'ai failli laisser mes os de paysagiste, avant d'avoir fini mon oeuvre, ce qui ne m'eût pas absolument égayé, et ce qui t'explique un peu mon absence prolongée....

—Et depuis quand débarqué?

—D'avant-hier seulement, à Granville, après avoir tourné l'Espagne par Gibraltar. Ah! mon ami! le croirais-tu? à la fin de cette longue traversée, quand je n'ai plus senti sous mon pied le bercement du navire, quand j'ai pris terre en flairant les herbes, j'ai voulu d'abord m'enfouir comme un ruminant dans ces bonnes et grasses vallées normandes, ne pouvant détacher mes regards des longs prés qui verdoient et verdoieraient jusqu'au bout du monde, si la mer ne les arrêtait pas.... J'ai laissé filer toutes seules mes malles sur Paris, et je bats la campagne à travers les herbages, ivre de verdure et de joie dans ce magnifique pays occidental qui pour la première fois se révèle dans toute sa gloire à mes yeux fatigués. Comme je porte toujours avec moi quelque bout de toile et ma boîte à couleurs, je n'ai pu me défendre de planter ici ma pique et mon parasol, et je commençais mon esquisse, dans la fièvre du premier mouvement, quand tu m'as dérangé ... pardon, cher ami, surpris et embrassé comme un vieux camarade, aussi étonné sans doute de me voir dans cette antique futaie, que moi de t'y rencontrer.... Après tout, j'y pense, peut-être suis-je ici chez toi, car tu possèdes tant de châteaux qui ne sont pas en Espagne....

—Oui, quelques-uns; tu es ici parfaitement chez toi tant qu'il te plaira d'y séjourner, et même si tôt ou tard tu veux y faire un nid, mon cher oiseau de passage....

—A la bonne heure! les années ne t'ont pas amoindri: toujours même jeunesse de coeur.

—Parbleu, avec des artistes tels que toi.... Parti obscur, tu reviens célèbre. Sais-tu que depuis trois ou quatre ans on ne parle que de toi dans Paris ... on couvre d'or les plus petites toiles de Georges Fontan.... Tes derniers envois au Salon rayonnent de lumière.... C'est de l'Orient comme on n'en voyait plus ... et tu gagnes de quatre-vingt à cent mille francs chaque année ... la gloire et la fortune t'arrivent de compagnie.

—Oui, l'Orient est d'un assez bon rapport pour les paysagistes ... quelques touffes de palmiers-doums, un passage d'autruches à la ligne d'horizon, un vol de flamants roses, quatre ou cinq étoiles miroitant sur un bout de grève mouillée, il n'en faut pas davantage....

Mais je n'ai pas oublié le bon génie auquel je dois une si grande part de mon succès. N'est-ce pas toi qui m'as tendu la main et généreusement ouvert ta bourse toute grande, dans un jour de détresse? Tu m'as donné spontanément et sans arrière-pensée trente mille francs que tu pouvais parfaitement croire à fonds perdus, quand je n'étais encore qu'un mince bohème perdant courage et bien près de sombrer dans le grand inconnu....

—Trente mille francs, que depuis tu m'as intégralement remboursés.

—Je n'en reste pas moins ton éternel obligé, comme à un frère de coeur et d'art. Aussi, je bénis le hasard providentiel qui me jette aujourd'hui sur ta route pour t'exprimer ma vive gratitude, et si jamais à une heure quelconque de ma vie....

—J'en suis convaincu, cher et illustre maître....

—Je m'en veux pourtant de t'avoir caché quelque chose au jour néfaste où tu m'as secouru ... tu n'as jamais connu le fond de cette vieille histoire, le plus douloureux et le plus cher secret de ma jeunesse; tu vas le connaître.

—J'avais en effet toujours pressenti quelque mystérieuse aventure dans ton passé, et puisque tu me crois digne de la confidence, j'écoute:

—Tu sais qu'en faisant mes premières études de paysagiste, je courais un peu les grèves bretonnes et normandes, Houlgate, Cancale, Arromanches, la Chapelle-en-Saint-Briac, etc.... A vingt et un ans, robuste et bon nageur, je m'aventurais assez loin en mer, à l'aise dans l'eau comme la mouette dans l'air, et prenant de préférence mon bain de sel et de lumière aux dernières lueurs du soleil couchant.

«Un soir (c'était à la Chapelle-en-Saint-Briac), je raconte sans phrases, au courant des souvenirs. Je prenais mon bain comme d'habitude, en toute nonchalance. Il y avait ce jour-là beaucoup de promeneurs sur la grève, la dune et les roches. Au coucher du soleil, je crus m'apercevoir d'un mouvement inusité dans la foule des promeneurs, courant par bandes affolées sur le bord des plus hautes roches, avec de grands gestes, que je distinguais fort bien, et sans doute de grands cris que la distance et le bruit des lames m'empêchaient d'entendre. Je compris qu'il y avait un baigneur en danger. D'un rapide coup d'oeil, j'embrassai l'horizon et me dirigeai en toute hâte vers le point de la mer où semblaient converger les gestes de la foule.... A quelques brasses de moi, une tête blonde roulait échevelée dans l'écume des lames, je fus bientôt sur elle et pus saisir à plein corps une jeune fille presque évanouie.... Elle ouvrit démesurément les yeux, me regarda fixement et riva ses deux mains à mon cou dans une étreinte désespérée, mais presque aussitôt les mains se détendirent, et je n'eus qu'une masse inerte à maintenir à flot tandis que je nageais d'un bras. La grève n'était pas loin, mais la mer se retirait et tu sais que, dans cette *conche* étroite creusée en entonnoir, le flot de jusant, très rapide, est presque irrésistible: j'eus peine à vaincre la barre d'écume et j'étais à bout de forces quand je heurtai la grève.... Pris de vertige, j'eus comme un éblouissement funèbre avec un grand frisson d'anéantissement; mes yeux se fermèrent ... voilà tout dans mes souvenirs.

—Et tous deux furent sauvés, interrompit vivement le comte.

—Oui, mais attends la fin. Je n'ouvris les yeux que douze heures après, dans mon lit d'auberge. Au chevet, un grave personnage inconnu semblait épier mon réveil.

—Sauvée? dis-je d'instinct....

—Oui, me répondit-il, en me prenant les mains avec effusion.... Ma fille ... grâce à vous....» Puis, après quelques instants de silence: «Quand on a fait preuve d'un tel courage, on doit être homme d'honneur. Je vous en prie, ne cherchez pas à me connaître.... Vous me voyez heureux et navré, victime d'un grand désastre, obligé de cacher mon nom, même de quitter la France; mais certainement nous nous reverrons, dans un avenir très prochain. Aujourd'hui, pardonnez-moi.» Et me serrant de nouveau les mains, le mystérieux personnage disparut en hâte, comme si quelque inexorable fatalité lui poussait les talons.

«Pour ma part, j'eus un mois de fièvre, et quand je pus me rendre à Saint-Malo, le père et la fille avaient quitté l'hôtel depuis vingt jours pour une destination inconnue. Où étaient-ils? le sillon de tant de navires s'efface à chaque heure sur la mer! On les supposait d'une grande famille étrangère, de l'Amérique espagnole, je crois. A une époque aussi troublée que la nôtre, était-ce une affaire politique ou quelque sinistre financier qui les expatriait? je ne l'ai jamais su.

—Et cette jeune fille, continua le comte ému et surpris, avant l'heure du péril tu ne l'avais pas encore vue?

—Je l'avais rencontrée deux fois sur la grève et j'avais admiré sa bonne grâce de petite fée grandissante (elle avait quinze ans peut-être); sa luxuriante chevelure m'avait ébloui, et j'étais resté sous le charme de ses yeux songeurs, révélant tout un monde de pensées dans l'aurore de la femme.

—Comme tu en parles, quel afflux d'éloquence! dit Henri avec le plus bienveillant des sourires.

—Je raconte simplement, reprit Georges. Je fus comme un fou durant toute la saison chaude. Aux premières fraîcheurs de septembre, le cerveau se calma. Ce fut alors que je me réfugiai dans l'art comme un désespéré, et qu'un matin d'octobre (je m'en souviens, si tu l'as oublié) je vins à toi en te disant: «Henri, comme coloriste, j'ai quelque chose en moi. Je voudrais voir l'Orient. Qu'en penses-tu? Peut-être dix mille francs suffiraient....» Et pour toute réponse tu m'en donnas trente, avec le geste affable et le sourire princier de Laurent le Magnifique.

—Le Dieu des Beaux-Arts m'en a su gré. Tes succès me récompensent; mais, pour en revenir une fois encore à cette jeune fille, tu ne l'as jamais revue?

—Jamais.

—Et si, tôt ou tard, tu la rencontrais?

—Ah! je donnerais tous mes rêves de gloire et mes plus saintes joies d'artiste pour une heure d'amour en toute franchise de coeur.... Mais descendons de ces nuages platoniques et parlons un peu de toi, cher ami. On prend des années sous les hautes futaies de son parc aussi bien que sur les planches d'un navire. A ton tour, raconte-moi tes aventures. Es-tu resté garçon, ou n'aurais-tu pas de beaux enfants à me faire embrasser?

—Pas encore ... mon genre de vie placide et d'apparence heureuse ne s'est guère modifié depuis ton départ: bains de mer, villes thermales, champs de courses, bals et théâtres, toujours la même chose, et toujours à peu près les mêmes figures. Cette éternelle existence au beau fixe, implacable comme le bleu indigo du ciel napolitain chanté par les guitaristes, commençait à me donner sur les nerfs, quand un incident fort inattendu s'est présenté dans ma vie.... Quelques mots suffiront, puisque tu veux bien m'écouter:

«Dans l'après-midi d'une chaude journée fleurie (il y avait quelques nuées d'orage dans l'air et les plantes du jardin embaumaient), je répétais au piano une fantaisie de Chopin, ému comme toujours de cette musique étrange, nerveuse et saccadée, qui vous emporte dans son tourbillon de fièvre avec des notes poignantes comme un sanglot dans un rêve, quand j'aperçus, derrière moi, dans la glace et comme encadrée dans le chambranle de la porte, une jeune femme blonde vêtue de noir, immobile comme une statue et semblant écouter de tout son être, dans le religieux silence du recueillement. Je voulus m'interrompre, mais d'un geste souverain et d'un regard où il y avait autant de prière que d'autorité, elle m'obligea de continuer mon thème; et seulement lorsque les dernières vibrations s'éteignirent, elle vint à moi, comme les apparitions en longues robes traînantes que Jean de Fiesole fait glisser dans les fresques de ses paradis. Sa grande chevelure lui ruisselait aux épaules; elle n'était pas d'un blond cendré, ni blond d'ambre, ni blond de lin, mais d'un blond tonique, presque châtain, à reflets d'or.»

Ici l'attention de Georges redoubla.

«Très bien, monsieur le comte, me dit-elle, vous comprenez la musique des maîtres.»

«Je m'empressai de faire asseoir ma belle visiteuse et lui demandai ce qui me valait l'honneur de sa venue.

«Un vulgaire motif d'intérêt, me répondit-elle d'une voix toute musicale; nous tombons des hauteurs de l'art sur la réalité plate. Mais avant de vous exposer l'objet de ma visite, permettez-moi de vous présenter l'indiscrète personne qui a pris la liberté de vous déranger.»

«Je m'inclinai respectueusement.

«Vous ne vous en doutiez peut-être pas, continua-t-elle, mais je suis de vos parentes. Je me nomme Marie Alvarès. Vous souvient-il de ce nom-là dans votre famille?

—En effet, répondis-je après réflexion, du côté maternel, parenté latérale, un peu lointaine, mais réelle.

—Ma mère étant cousine de la vôtre, reprit-elle d'une voix réservée, je me trouve donc un peu votre nièce. Nous avons très longtemps vécu à l'étranger. Moi-même je suis née en mer, aux bercements du navire, dans un voyage au long cours de Liverpool à Valparaiso. Ma mère était trop souffrante pour me donner son lait, et comme il y avait une chèvre à bord, elle fut ma première nourrice: ce qui explique, m'a-t-on dit, mon caractère fantasque.

—Très bizarre, en effet, interrompit Georges d'un ton de surprise enjouée. Absolument comme l'ancien maître des Dieux, dont je comprends aujourd'hui l'humeur capricante; tu m'y fais songer pour la première fois. Mais, pardon, continue.

—J'abrège mon récit pour ne pas t'ennuyer. Elle me raconta que son père, un Espagnol de race, s'était réfugié à la frontière de France en temps de troubles (on se battra toujours au delà des Pyrénées); qu'il avait connu et épousé sa mère à Argelès; qu'espérant refaire sa fortune, il avait navigué dans l'Inde et les deux Amériques; qu'en fin de compte, comme un lièvre qui fait sa randonnée, il était revenu au gîte pour être successivement maître de forges dans l'Ariége, raffineur de sucre dans le Pas-de-Calais (à Corbehem, je crois), et que tout récemment il était venu s'échouer dans une filature à Fleury-sur-Andelle, où il se trouvait traqué par une meute de créanciers avec un passif de deux cent mille francs; que dans cette crise désastreuse elle craignait un coup de tête, que son père avait quelque chose d'égaré dans les yeux et qu'elle avait pris sur elle de venir à moi de son propre mouvement. Elle me parut très digne et très émue, et me dit en achevant: «Monsieur le comte, si ma démarche vous paraît étrange, oubliez-la et pardonnez-moi; si elle vous semble toute naturelle, faites simplement ce que vous dira votre coeur.»

«Je la rassurai en prenant congé d'elle, et il résulta de mes informations que le noble Castillan, habile joueur de guitare et grand rouleur de cigarettes, n'était pas plus fait pour l'industrie qu'un poète lyrique pour la traite des noirs; qu'il avait constamment périclité dans les deux mondes; et, en résumé, comme la mauvaise chance entrait au moins pour les trois quarts dans son jeu, je payai les créanciers.

—Et de deux, pour ce dévouement de famille, s'écria Georges spontanément dans un sincère élan d'enthousiasme.

—Oui, reprit Henri d'un ton modeste, mais grâce à moi, l'honnête homme, depuis, a pu tranquillement s'éteindre dans son lit, et il m'a légué son trésor de fille.

—Destinée sans doute à devenir ton joyau de femme?

—Comme tu le dis.... Elle me semblait un peu brusque et bizarre d'abord, mais je me suis fait à son caractère.... Elle est vive, intelligente, enjouée, spirituelle, très bonne musicienne, et je dois te dire qu'elle comprend fort bien tes paysages, qu'elle admire à tous les Salons. C'est une de tes enthousiastes, et récemment elle a su trouver bec et ongles pour te défendre contre un groupe de prétendus réalistes qui voient mal et qui peignent lourd, gris, terne, sec et dur, en croyant copier la nature, qui se moque éternellement d'eux, sachant qu'elle n'est pas comprise. Marie Alvarès, cher ami, connaît toutes tes oeuvres et t'apprécie, crois-le bien, à ta rare valeur. Mais je me trouve naïf, voilà une grande heure que je dépense à te parler d'elle quand j'ai sur moi son portrait: une miniature ovale tout récemment peinte et assez bien venue sur une feuille d'ivoire. En attendant que je te présente à l'original, tiens, regarde. Qu'en dis-tu?»

Ici Georges fit un haut-le-corps à en perdre l'équilibre s'il n'avait eu si bonne assiette sur son trône de mousse. La jeune fille qu'il avait sauvée, devenue femme, lui souriait comme la Joconde dans ce petit cadre ovale à fil d'or.

Sa voix lui resta dans la gorge.

Mais comme, pour sa part, le comte attachait des yeux fort complaisants sur la gracieuse et vivante image, le trouble de Georges lui échappa sans doute, et quand il interrogea du regard le paysagiste:

«Très belle, répondit Georges. Et ... tu l'aimes?

—Je l'aime, oui et non, pas précisément; je n'en suis pas fou, ce n'est pas du délire; mais entrée dans ma vie par surprise, elle y est restée comme un enchantement; et je crois que, si je venais à la perdre, je ne m'en consolerais pas.

—Alors, tu l'aimes profondément, dit Georges d'une voix lente et toute songeuse....» Et un combat terrible se passa dans le coeur du pauvre artiste, qui se trouvait entre l'homme dévoué, l'ami des grands jours, qui l'avait arraché lui-même de l'abîme, et la femme de ses rêves qui lui souriait dans tout le rayonnement de sa beauté; il allait la revoir sans doute, dans une heure peut-être. Il comprit que, s'il restait, il n'aurait plus la force de partir, et il fallait se décider vite. La lutte fut héroïque. Il triompha; des perles de sueur froide lui couronnaient les tempes. «Allons se dit-il, soyons homme.» Et il chercha quel honnête prétexte il pourrait bien inventer pour que son brusque départ eût une apparence de raison.

Il se creusa la tête et crut avoir enfin trouvé. Pour mieux jouer sa grave comédie, il se frappa le front comme au choc d'une idée subite, descendit vivement de son tertre sans mot dire et, d'un air fort préoccupé, s'étira, s'ébroua, étouffa même un petit bâillement, cligna des yeux du côté de sa pique et de son parasol, puis, se plantant droit devant le comte:

«Tous mes regrets, cher ami, mais avec toi j'oublie les heures. Non pas que je veuille en égoïste achever mon esquisse aujourd'hui, mais le soleil baisse, et, pour être en gare avant la nuit, je n'ai pas trop de mes deux jambes.

—Comment, en gare? tes deux jambes? répliqua le comte surpris et faisant la moue, tu plaisantes. Tu ne veux pas me donner l'étrenne de ton retour? Puisque tu as fait tant que de venir jusqu'à mes vieux arbres, reste au moins une semaine ou deux, que j'aie le temps de te reconnaître. Qui t'en empêche et qui te presse? tu n'as pas, je suppose, quelque diablotin à tes trousses, comme aux ballades du moyen âge. Allons, c'est décidé, tu restes.

—Impossible, répondit Georges avec le plus grand sérieux. Je m'aperçois un peu tard, comme toujours, que je suis un pauvre étourdi, m'amusant aux fleurs de la route et oubliant le principal, comme le Chaperon rouge. Tiens, regarde: Départ de Hambourg, le 18, à six heures du matin; nous sommes au 15, à peine ai-je le temps en toute hâte.»

Et, à l'appui de son dire, le paysagiste exhibait une carte imprimée des Vapeurs réguliers faisant par mer le service de Hambourg à Berghen, carte qu'il avait prise à tout hasard en passant à Granville; il ajouta:

«Je serais seul, peu m'importerait l'époque du voyage, mais là-bas doit m'attendre un camarade d'atelier de la rue Carnot, un ami fervent qui, durant ma longue absence de Paris, s'est religieusement consacré à mes succès d'artiste, en exposant mes toiles à tous les Salons. C'est grâce à lui que mes envois de chaque année n'ont pas été interrompus. Puis-je décemment lui fausser compagnie et laisser se morfondre au quai d'embarquement un si brave camarade, après avoir engagé ma parole? Nous devons faire ensemble notre tour de Norvège. Des pays du soleil, je remonte au pays des neiges. Après avoir peint des palmiers et des cèdres, on fera des bouleaux et des pins. N'est-ce pas original, comme loi de contraste?

—Et sans être trop indiscret, poursuivit le comte opiniâtre, saurai-je le nom du malencontreux ami qui t'enlève?

—Jules Boër, le peintre de marines, dont tu possèdes une *Écluse* et un *Bassin de carénage.*»

Et entraîné lui-même par la conviction de son courageux mensonge, Georges fût allé en Norvège, comme il le disait, pour être jusqu'au bout dans la logique de son rôle.

Henri se récria pourtant, Georges répliqua et plaida si chaudement sa cause, qu'elle était bien près d'être gagnée.... Mais quelque chose d'imprévu dérangea toutes ses combinaisons. La Fatalité s'en mêla, comme toujours. Cette fois elle tenait en main une petite ombrelle verte au fond de la grande avenue. Le comte l'aperçut le premier et, le coeur allégé, s'écria tout joyeux:

«Ah! ma foi! tant pis pour toi! Voici la châtelaine qui s'avance de notre côté, tu lui expliqueras tes raisons comme tu pourras. Essaye de la convaincre. Pour moi, je m'efface absolument.»

❦

II

La belle promeneuse n'avait pas encore aperçu nos deux personnages quand elle arriva au point culminant de la grande avenue, sur la pelouse de haute lisse où se croisaient les quatre chemins verts. Là, elle s'arrêta court en repliant son ombrelle. Soit que la pente, assez rude à monter, l'eût un peu fatiguée; soit qu'elle fût trop animée par une marche rapide; soit enfin que les rayons vivifiants des premiers soleils lui eussent empourpré les joues, elle jugea à propos de faire une halte, s'orienta du regard et respira longuement. Étaient-ce les parfums des pommiers en fleurs, répandus par larges traînées dans l'air attiédi; étaient-ce les violettes cachées ou les épines blanches qui parlaient du printemps à ses petites narines roses, dilatées et toutes frémissantes? Non, sans doute; sa pensée était ailleurs qu'aux idylles ce jour-là. D'instinct elle flairait quelque chose d'inconnu dans la brise. D'ailleurs les attributs de l'artiste en voyage, la pique et le parasol au bord du chemin creux, n'avaient pas échappé à son premier coup d'oeil et venaient d'évoquer brusquement dans sa mémoire toute une scène lumineuse du passé, mais d'une époque déjà lointaine, où la réalité se mariait au rêve. Elle tressaillit, comme éclairée d'un infaillible pressentiment; et quand d'assez loin, près du comte, elle aperçut l'étranger, elle n'eut pas un doute. C'est lui, pensa-t-elle. Presque sans le voir, elle l'avait reconnu. Tout le sang de ses veines lui reflua au coeur. Elle n'était guère préparée à une commotion si forte, et fut obligée de s'appuyer un instant sur la haute canne de son ombrelle marine. Elle se maîtrisa pourtant peu à peu, et quand elle put reprendre sa marche, cette fois, grave et recueillie, elle avait recouvré tout le sang-froid apparent qu'exigeait la situation nouvelle.

Le comte vint à sa rencontre, et lui prenant la main:

«Heureuse fortune pour nous, Marie. Permettez-moi de vous présenter un de mes plus anciens amis, que jusqu'à présent vous connaissiez simplement par ses oeuvres, Georges Fontan, qui nous revient d'Égypte....»

Georges s'inclina profondément en essayant de voiler son trouble.

«Soyez le bienvenu, monsieur, dit Marie, de sa voix musicale et pénétrante, impassible de visage, mais avec l'accent du plus grand accueil.

—J'ose espérer, Marie, reprit le comte, que vous serez plus heureuse que moi. Georges voulait absolument repartir ce soir même. A peine ai-je eu le temps de l'entrevoir. Faites-moi la grâce d'insister pour qu'il nous reste au moins quelques jours.

—Ah! monsieur, dit Marie, en le regardant bien cette fois, je ... vous en prie.»

Pour toute réponse, l'artiste s'inclina de nouveau dans le rayonnement de son regard. Il était subjugué.

Le comte de Morsalines ramassa son fusil, qu'il avait failli oublier (faute assez grave pour un chasseur); Georges boucla, tant bien que mal, sur un coin d'épaule, les courroies de son équipement, et Marie Alvarès rouvrit son ombrelle, en reprenant le chemin de l'avenue. Ils revinrent ensemble à menus pas au château, en échangeant un peu au hasard quelques phrases toutes faites sur la belle soirée d'avril.

De quel siècle datait le château? était-ce brique ou granit de Barfleur? Et le mobilier? de style Renaissance ou Louis XV? Peu nous importe, n'est-ce pas? Ce que je puis vous affirmer, c'est que notre nouvel hôte trouva dans sa chambre d'ami linge de luxe, brosse à barbe, lime à ongles, rasoirs de bonne trempe, ciseaux droits et curvilignes, petits et grands miroirs, savons très onctueux, eaux de senteur où les Flores des Deux Mondes se donnaient rendez-vous, en un mot tout ce qu'il lui fallait pour refaire sa toilette de pèlerin, de sorte qu'il descendit fort présentable à l'heure du dîner.

Ils devaient dîner seuls. Il y avait bien un quatrième couvert, pour une respectable demoiselle de la maison, une soeur puînée de feu Alvarès, que je cite seulement pour mémoire, mais elle fut peu gênante ce-soir-là, ayant dû s'absenter pour une oeuvre de charité et pousser à quelques lieues jusqu'à Sainte-Mère-Église, d'où elle devait revenir le lendemain.

Ils dînèrent donc tous trois seuls, et purent deviser librement en toute fantaisie.

Je crois que, parmi les nombreux indigènes de la Manche et du Calvados et même des cinq départements de l'ancienne Normandie (pour ne pas trop élargir notre cercle), on eût trouvé difficilement, dans la sélection humaine, des types aussi accentués que ceux de nos trois personnages, comme richesse intrinsèque d'organisme, et rares produits modernes de notre monde civilisé.

Il avait très belle mine, le paysagiste, avec sa fine barbe rousse en éventail, comme les aimait notre cher et regretté Ricard, petit-fils du Titien, né par erreur sous notre latitude; mais ce qu'il avait de particulièrement remarquable, c'était l'oeil: l'iris, brun comme une goutte de café noir, était sablé de points d'or, et le regard, sérieux et recueilli, avait une longue portée comme ceux des marins, des rêveurs et des fauves, habitués à embrasser d'un coup d'oeil de grands espaces de mer ou de ciel. Pour avoir longtemps vécu dans les sables d'Égypte, il avait gardé dans l'oeil un vague reflet du désert, et quand le regard s'animait sous une paupière frangée de longs cils, il y avait là du velours et du feu. A l'appui du regard la parole était vive, ardente, colorée, tout en images comme les versets de la Bible et les récits des conteurs orientaux. A son insu, Marie Alvarès subissait le charme étrange de ses regards et vibrait aux sons purs de ses paroles magiques.

Elle était vêtue simplement d'une robe vert pâle, garnie de dentelles noires, dont le corsage échancré carrément faisait singulièrement valoir la jeune femme épanouie dans son luxe de beauté. Le cou, d'une blancheur mate, était merveilleux d'inflexions aux moindres caprices de la pensée; et, aux torsades opulentes de sa chevelure, on comprenait qu'à la rigueur elle aurait pu s'en habiller comme Ève; sa voix musicale était grave comme un son d'orgue ou caressante comme une prière de petite fille.

Le comte, dont vous connaissez déjà le portrait, fut comme toujours affable et spirituel, doué de la rare faculté de savoir bien écouter, très sobre d'interruptions, fort heureux d'assister à cette paisible fête de l'intelligence où le coeur entrait pour une grande part, nullement fâché d'ailleurs de réchauffer son flegme un peu britannique à cette ardente causerie dont Georges et Marie faisaient à eux deux presque tous les frais. C'est réellement tout un monde que la conversation intime d'un artiste bien doué, qui voit juste, apprécie bien et trouve la plus belle des langues, la nôtre, pour traduire en notes rapides et colorées tout son flux pittoresque de riches pensées inattendues.

Bien que d'un ton fort réservé, Marie Alvarès fut très curieuse au fond, comme sans doute elle se croyait en droit de l'être; nerveuse, inquiète, incisive, interrogeante, elle multiplia les questions sur tous les points, serrée d'arguments comme un réquisitoire; elle voulut tout savoir de sa vie, surtout après son départ d'Alexandrie, depuis trois années, époque de ses dernières nouvelles au comte de Morsalines, son meilleur ami. Comme Georges n'avait rien à cacher, ni rien à inventer, ses explications furent toutes naturelles. Il raconta qu'à son arrivée à Alexandrie, et durant son séjour au Caire, jaloux d'abord de se faire un nom à tout prix, il avait travaillé avec rage, à en perdre les yeux: étudiant les sables, les ciels, les grèves, essayant de rendre la grâce de forme ou la grandeur d'aspect des platanes, des lentisques, des cèdres ou des tamariniers; à ses yeux la couleur n'était plus dans l'empâtement en éclaboussures papillotantes des romantiques, ni dans les froides grisailles aux maigres contours des Ingristes. Pour lui la vraie couleur était simplement la logique de la lumière tombant sur les objets et en précisant les valeurs relatives: ce qu'il avait essayé de rendre et ce qui constituait la réelle originalité de ses oeuvres, grassement éclairées, sans charlatanisme de tons criards.

Il raconta qu'en partant d'Alexandrie il était allé à Zanzibar, de là sur la côte orientale d'Afrique, et qu'en s'engageant dans l'intérieur des terres, lui et son escorte avaient été capturés par un chef de tribu indigène qui l'avait gardé trois ans prisonnier; qu'il avait eu la vie sauve grâce à son talent de peintre: il avait grossièrement esquissé, disait-il, Sa Majesté africaine, assez haute en couleur, nuancée d'acajou, une espèce de Soulouque moins l'uniforme, ainsi que la reine teintée de palissandre, les principaux dignitaires couronnés de plumes d'oiseaux rares, et toute leur progéniture, vrais singes d'enfants grotesques, à jambes grêles et à tête d'hydrocéphales, tels que déjà nous les avait montrés Decamps, etc., etc. Au bout de trois années d'anxiétés, de fièvres, de nuits à moustiques, de peintures forcées, il avait dû sa délivrance au passage d'une grande caravane anglaise, qui l'avait très hospitalièrement recueilli. Il rapportait dans ses poches de voyageur une foule de menus objets tenant peu de place, mais du plus grand prix. Il étala sur les fleurs de neige de la nappe damassée de petits scarabées historiques de cornaline orientale, d'émeraude et de jaspe vert, qui avaient eu l'honneur de dormir, plusieurs siècles, sur la poitrine des Pharaons défunts dans une hypogée de la Haute-Égypte; des fragments d'ambre jaune d'une admirable transparence où s'enchâssaient, parfaitement conservés, des insectes au corselet noir et aux élytres de vermillon; curieux spécimens d'espèces disparues, qui, bien avant notre déluge, depuis des milliers d'années, furent embaumés tout vifs dans ces merveilleuses larmes d'or; enfin il exhiba deux perles rares, que lui avait données l'iman de Mascate, perles en forme de poire, grosses comme les perles blanches de notre gui d'Europe et que Marie Alvarès trouva fort belles; il glissa ces deux gouttes de lait irisées dans le creux de sa petite main longue, fluette, moite et rose, et pour elles Marie Alvarès eut un éclair involontaire dans les yeux.

Après le dîner, toute la soirée fut charmante: elle se passa en musique. Marie Alvarès, d'une voix émue, pénétrante, fraîche de timbre comme celle d'un enfant, chanta les plus belles pages de *Don Juan* et de la *Flûte enchantée*. La voix du paysagiste, un peu rude d'accent, mais d'une riche sonorité, fort juste et bien rythmée, ne fut pas trop indigne de *Pamina* dans le fameux duo d'amour en andante qu'on bisse toujours au théâtre. Il fut également bissé par le comte, formant à lui seul tout l'auditoire, et lui-même fit preuve de la meilleure grâce en exécutant avec la sûreté de main d'un maître la *Marche turque*, vraie musique de fête, de joie et de lumière, qui pour le nouvel hôte s'épanouissait en fleurs de bienvenue.

On se quitta un peu tard. Marie Alvarès fit une profonde révérence au paysagiste, mais sans lui offrir la main, et le comte reconduisit Georges à son oreiller en lui disant:

«Comme tu es ici chez toi, tu commanderas. Demain, à ton gré, tu dormiras ta grasse matinée ou tu continueras ton esquisse dans l'*Avenue des Hêtres*; moi je reprendrai mon fusil et les furets pour achever, si faire se peut, l'extinction de mes rongeurs. A onze heures précises le déjeuner, si l'heure te convient. Alors nous aviserons pour l'après-midi.» Le programme fut adopté.

Nos rêves, a-t-on dit, ne sont pas autre chose que l'intensité de la vie réelle, en rose ou en noir. Cette nuit-là, tous trois dormirent en rose, mais les rêves furent bien différents.

Marie Alvarès se demanda d'abord si les raisons que l'artiste avait données de sa longue absence étaient fort concluantes. Il restait à cet égard dans sa pensée quelques nuages persistants, mais ils se dissipèrent dans l'envahissement du premier sommeil. Quand elle fut entrée dans le pays des songes, perdant les notions de l'espace et du temps, elle rêva que Georges lui faisait une cour assidue de huit années (un an de plus que Jacob pour Rachel); mais les événements s'accomplissaient dans les plus singulières conditions: elle traversait à la nage un grand lac d'Égypte dont elle ignorait le nom (bien au delà du Nil blanc), et dans les eaux tièdes et parfumées, parmi les roses bleues des nymphaeas, Georges la poursuivait sans pouvoir jamais l'atteindre. Ce lac était immense, et la poursuite dura huit années, au bout desquelles le nageur épuisé succombait. Au dernier souffle, au dernier regard de l'infortuné poursuivant, elle fut prise de pitié, se détourna pour l'envelopper de ses deux bras, et put le ramener vivant dans une île fleurie, où commença pour eux l'éternité des plus saintes joies permises, comme dans une féerie de l'Ancien Testament.

Le sommeil de Georges le conduisit, par des chemins de traverse, au palais de la Belle au bois dormant. La difficulté n'était pas d'y entrer, mais, cette fois, d'en sortir. D'antiques forêts sans issues, hautes comme des flèches de cathédrales, en défendaient les abords, et de la dernière fenêtre on n'apercevait ni la campagne, ni la mer. Georges essayait de fuir, mais ses jambes se dérobaient, et dans un palais diaphane, en costume de cérémonie, sur un grand lit de parade, une jeune et belle dormeuse, la fiancée de son meilleur ami, lui souriait, les yeux fermés, l'apercevant fort bien à travers ses paupières closes, et il entendait sa pensée lui dire clairement: «Pas d'efforts inutiles, tu ne partiras plus.»

Pour le comte, il rêva tout naturellement de son prochain mariage (Georges étant son témoin), et de longues années d'un bonheur paisible, où toute une lignée de petits Morsalines, élevés dans les traditions du père, vivaient en protecteurs intelligents des beaux-arts, comme une vraie filière moderne de Médicis, par un heureux anachronisme, dans notre siècle de fer anglo-américain.

Georges fut sur pied de grand matin et chercha à savoir où il se trouvait. Etait-ce bien sur notre globe ou dans le royaume des fées? Il ouvrit ses fenêtres, l'air vif le dégrisa: la mer moutonnait en bas à trois quarts de lieue, et sur les pentes boisées la grasse Normandie étalait franchement ses verdures aux caresses de l'aurore. L'instinct du paysagiste se réveilla, Georges partit pour l'avenue des Hêtres, se mit résolument à l'oeuvre dans la rosée, et à onze heures son esquisse était finie, avec une large traînée de soleil sous les branches et une fine buée d'opale à la ligne d'horizon.

«Tiens, dit-il à Henri, qui vint à sa rencontre, voilà ton Avenue pour décorer ta salle à manger, je n'en suis pas mécontent. Elle fera très bon effet dans un petit cadre à biseau sablé.»

Marie était descendue; elle admira l'esquisse, et on déjeuna d'assez joyeuse humeur, l'acclimatation morale et intellectuelle étant déjà parfaite entre les trois convives. A table on parla de ce qu'il y aurait à voir aux environs dans l'après-midi. On cita la tour de la Hougue, célèbre par l'éclatant désastre de Tourville; le phare de Barfleur, qui ne ressemble en rien à son illustre frère de Cordouan, le somptueux édifice de Louis XIV, mais qui, tout moderne, dresse d'un jet dans le ciel sa tige de granit monochrome, comme un jonc démesuré d'un seul brin qui, planté dans l'écume des marées, peut sans crainte osciller aux tempêtes, avec son étoile blanche au front qui regarde à dix lieues. Enfin on parla de la *Sinope*, petite rivière sinueuse dans une vallée profonde, très pittoresque vers la fin de son parcours, entre le hameau de Lestre et le havre de Quinéville. Consulté sur les trois points, Georges donna la préférence à la petite rivière.

«Adopté, dit Henri, et puisqu'il en est ainsi, la vallée se trouvant à une lieue tout au plus, je vous y conduirai d'abord, et Marie t'en fera les honneurs, tandis que je retournerai jusqu'à Sainte-Mère-Église, chercher Mlle Marthe Alvarès, pure Espagnole du pays des oranges, qui n'aime guère à voyager seule en voiture et que mon plus habile cocher ne rassure pas. Vous aurez tout le loisir de faire une belle promenade, et les premiers rentrés à la maison attendront les retardataires.» Le plan fut agréé. On attela à midi et demi. A une heure, près de Quinéville, à l'embranchement des routes, Georges et Marie mirent pied à terre et le comte tourna bride en leur disant: «A ce soir.»

La vallée s'ouvrait à quelques pas de la route. Georges et Marie n'eurent qu'à descendre par un étroit sentier, entre deux haies où deux personnes ne pouvaient passer de front. Marie prit les devants à titre de cicerone en marchant assez vite, et bientôt les deux promeneurs virent miroiter la petite rivière, déroulée comme un ruban d'azur au fond de sa vallée.

Le temps était superbe. Dans le ciel calme, d'un bleu pâle, quelques nuées diaphanes traînaient nonchalamment comme des écharpes blanches. Le printemps n'était pas très avancé, les ormes et les chênes n'avaient pas encore de feuilles, mais par milliers les bourgeons pétillaient au bout des branches, et les petits saules de la rivière, tout frais habillés de vert tendre, se contemplaient en compagnie des larges fleurs d'or des populages, des aigrettes neigeuses du trèfle d'eau et des élégantes cardamines rosées. Les églantiers n'avaient pas encore fleuri, mais déjà les pommiers, les aubépines, les violettes avaient donné leurs notes suaves dans le concert des parfums printaniers. Et les oiseaux chantaient. Le merle redisait tout en joie sa ritournelle aux sons flûtés; la grive répétait sa phrase accentuée au timbre guttural; de fort loin, à la cime des hauts arbres, les ramiers, roucoulant à voix sourde et profonde, versaient au coeur de graves pensées d'amour; et par intervalles, au vent frais de la côte, la mer, qui brisait à une demi-lieue, et qu'on entendait sans la voir, dominait tous ces bruits sans les éteindre, et jetait, comme un orgue de fête, sa rumeur grandiose aux premières solennités du printemps.

Ils étaient seuls tous deux, libres pour la première fois d'échanger sans contrainte leurs pensées, et ils avaient tant de choses à se dire, eux surtout qui ne s'étaient jamais parlé! Bien qu'il se fût passé huit années depuis la scène tragique où Georges avait fait preuve d'un si grand courage, le souvenir en était présent dans la mémoire de Marie Alvarès comme si l'épisode eût daté de la veille. Ce grave paysagiste, revenu, sans mot dire, des pays étrangers, bronzé par les soleils du Nil, et déjà célèbre à un âge où tant d'autres commencent à peine à faire parler d'eux, il était là, marchant tout près d'elle, réglant son pas sur le sien, et l'enveloppant de ses regards discrets, dont il essayait d'assoupir les lueurs, qui révélaient une rare énergie dans l'homme, et dans l'artiste une douceur infinie. Quand ils furent arrivés presque à la berge de la rivière, sur une haute pelouse arrondie en divan naturel, elle s'arrêta et lui indiqua du geste, comme elle lui eût offert un fauteuil dans son salon, une place dans l'herbe où elle s'était assise la première; elle jugea que l'heure était venue d'être enfin éclairée: elle était fort émue, mais décidée à tout savoir. Elle se recueillit un instant pour assurer son courage et entama l'entretien résolument, en femme assez forte pour tenir tête aux éventualités les plus désespérantes.

Elle commença presque sur le ton de l'indifférence.

«Vous m'avez bien reconnue, n'est-ce pas?» dit-elle, ses yeux d'un vert sombre interrogeant les siens.

D'un signe de tête affirmatif, Georges répondit aussitôt, comme si l'ombre d'un doute l'eût gravement injurié.

«Et, continua-t-elle, vous n'avez pas songé un seul instant que cette petite fille, devenue grande depuis, dont vous avez sauvé la vie au péril de la vôtre, pourrait en conserver quelque gratitude, et serait peut-être un jour ... heureuse de vous l'exprimer?

—Ce que j'ai fait était fort simple, très naturel, et tout autre à ma place....

—En eût fait autant, vous croyez? répliqua-t-elle, un peu désappointée. Alors, en sauvant cette jeune fille vous n'avez obéi qu'à un mouvement de commisération banale. Vous l'avez secourue comme toute autre baigneuse anonyme en détresse, ne vous préoccupant que d'un facile devoir accompli.

—Non, certes, se récria vivement l'artiste, et j'aurais donné tout le sang de mes veines pour préserver des injures de la mer une seule boucle de sa chevelure.

—Ah! fit-elle tout heureuse, en voilant l'éclair de ses yeux, vous la connaissiez donc un peu déjà, vous l'aviez sans doute aperçue....

—Parmi les promeneuses de la grève, et j'avais admiré sa bonne grâce toute française, et quelque chose de plus en elle, un type étranger, d'une aristocratie rare, qui me parlait de l'Espagne où l'Arabie a passé....»

«Impression très juste,» pensa-t-elle, avec une imperceptible rougeur de joie; et reprenant la parole:

«Pourtant, depuis, vous n'avez pas cherché à savoir ce qu'elle était devenue?

—C'était mon voeu le plus cher, mais après un mois de fièvre, quand je pus enfin marcher et revivre, elle et sa famille avaient déjà fait voile pour un pays inconnu....

—Le monde est-il donc si grand? répliqua-t-elle, aujourd'hui qu'on en peut faire le tour en trois ou quatre mois. Dans un siècle de vapeur et de voies rapides, on cherche, on demande, on s'enquiert, on s'informe.... Il suffit de quelques signes indicateurs, en voulant bien, avec un peu de persistance....

—Et le vrai nom que je ne savais pas!... reprit-il avec une certaine animation, bien plus ému par ces lointains souvenirs que préoccupé de sa défense personnelle.»

Ce fut alors qu'il lui raconta la visite précipitée qu'il avait reçue de son père, voyageant sous un nom d'emprunt et le suppliant d'oublier ses traces.

«J'ignorais ces détails,» répondit-elle, surprise et troublée, il ne m'en avait jamais rien dit; et son coeur, immuable jusque-là, commençait à plaider de lui-même les circonstances atténuantes en faveur de l'artiste qui la contemplait.

Georges ajouta:

«Quelque chose de plus grave m'arrêtait.... J'avais pressenti qu'elle-même m'interdirait de la connaître, qu'un abîme se creusait entre nous deux, qu'elle avait passé l'Océan pour me défendre l'espérance.... Et en effet, à quoi pouvais-je prétendre alors?

—Les vrais artistes peuvent prétendre à tout,» répliqua-t-elle vivement, et sans transition, n'admettant pas les moyens termes, elle lui cita Titien,

Vélasquez et Rubens, traités comme des princes par les souverains de leur temps.

«Oui, reprit-il, en essayant un triste sourire, mais alors j'avais encore tout à faire.... Aussi je voulus à tout prix conquérir un nom pour être digne un jour de la femme qui m'était apparue comme dans un rêve, si jamais le hasard ou la Providence me permettaient de la rencontrer.»

Un soupir involontaire échappa à Marie Alvarès.

«Il ne faut plus y songer,» se dit-elle tout bas, le coeur plein de larmes.

Et il y eut un long silence tandis qu'elle regardait en elle.

Elle venait d'entrer dans un nouvel ordre de pensées, où sa ferme volonté fléchissait. Elle en fut effrayée. Comme si elle se repentait d'en avoir trop dit, ou craignant peut-être d'en révéler davantage, elle se leva brusquement, et montrant du doigt, sur la haute colline d'en face, les ruines de Saint-Michel, qu'ils n'avaient pas encore visitées:

«Passons la rivière, dit-elle, nous verrons l'abside romane en débris, où se plaisent de grosses touffes de giroflées sauvages.»

Ils franchirent le petit pont d'une arche, près d'un moulin en ruines, tout silencieux en travers de sa rivière, avec une grande roue immobile dans son biez, et quand ils parvinrent aux débris de la chapelle, Georges escalada la haute niche d'un vieux saint de pierre pour lui arracher ses fleurs, sans crainte de sacrilège, puisqu'elle les voulait. Puis ils donnèrent ensemble un rapide coup d'oeil à la fraîche vallée, sinueuse, intime et profonde, tout en accordant un religieux souvenir aux saintes croyances des ancêtres et en admirant leur merveilleux instinct dans le choix des hauteurs pour le facile essor des prières.

Descendus de la colline, ils longèrent la Sinope en suivant l'autre bord. Apercevant les trèfles d'eau, elle désira quelques-unes de ces fleurs de neige en miniature si délicatement ouvrées par le grand artiste inconnu, et pour les atteindre Georges se mit la poitrine dans la rivière; il effraya même un grave martin-pêcheur, au guet sur une branche morte, qui disparut aussitôt comme une étoile filante horizontale, en leur jetant son reflet d'aigue-marine dans les yeux. Puis il cueillit dans l'herbe, au hasard des rencontres, violettes, marguerites, primevères, anémones, qui, mêlées à des branches d'aubépine et de pommier, composèrent un énorme bouquet, assez peu harmonique, presque invraisemblable, mais varié de formes, de nuances et de parfums, les petites fleurs étouffées par les grandes, des tiges de roseaux servant d'armature, et de hautes panicules de graminées ondulant à la brise comme touffes décoratives. Ils reprirent à pied lentement le chemin du parc, avec de longs silences ou de brèves paroles dans la sainte logique de leur trouble mutuel. Et lui ne songea pas un seul instant à lui demander d'appuyer son bras sur le sien: il avait trop compris qu'elle refuserait. Quand ils repassèrent dans l'avenue des Hêtres, où ils s'étaient rencontrés la veille et où il avait travaillé le matin même, elle fit une seconde halte, ils vinrent s'y rasseoir.

Ce fut alors que Marie Alvarès renoua le premier dialogue interrompu. Elle était arrivée à une de ces heures décisives qui, dans la joie ou dans les pleurs, marquent les grandes étapes de la vie. Aux intonations sérieuses, presque solennelles de sa voix, aux regards fixes de ses yeux graves, Georges comprit que ses paroles seraient irrévocables.

«Monsieur Fontan, dit-elle, j'ai quelque chose à vous demander, pas à l'artiste, à l'homme simplement.»

Georges affirma qu'il obéirait en aveugle à toutes ses volontés.

«Merci, reprit-elle, écoutez-moi donc quelques instants, je vous prie, et veuillez me répondre sans arrière-pensée, comme je vous parle moi-même.»

Il fit un signe d'assentiment. Elle continua:

«Saviez-vous que le comte de Morsalines (il y a trois ans bientôt) avait sauvé quelque chose de plus précieux que ma vie, celle de mon père et même son honneur compromis?»

Georges répondit affirmativement.

«Il vous a donc parlé? reprit-elle. Vous a-t-il aussi informé de la parenté qui nous lie?... vous a-t-il dit qu'il m'avait demandé d'être sa femme, et que ... j'avais promis de l'être?»

Georges avoua que le comte lui avait tout appris.

«Alors, reprit-elle, je n'ai plus de secrets à vous révéler, vous savez tout et vous voyez clair dans ma vie ... qui désormais ne m'appartient plus.»

Et elle murmura comme à demi voix:

«Les rêves doivent rester dans la région des rêves.»

Georges n'avait que trop compris.

«Hier, continua-t-elle, vous deviez partir pour un voyage au Nord; c'est mon intervention qui vous a retenu; pardonnez-moi. Je souhaite aujourd'hui que ce voyage ne soit pas différé.... Vous partirez bientôt, n'est-ce pas? demain....»

Ce dernier mot fut prononcé d'une voix si faible, que Georges le devina au mouvement de ses lèvres plutôt qu'il ne l'entendit.

«Ah! de grâce, fit-il, pliant à son insu sous l'autorité de cette brusque prière, ne m'accorderez-vous pas au moins encore un jour?... peut-être à la veille d'un adieu éternel.»

Elle ne répondit pas d'abord, elle parut réfléchir, comme interrogeant son courage, puis:

«Eh bien! dit-elle, le jour d'après.»

Elle voulut reprendre l'énorme bouquet qu'elle avait oublié, mais cette grosse gerbe de plantes mal nouées s'éparpilla dans l'herbe, et quand ils s'empressèrent de les rattacher ensemble en resserrant les brins de viorne et d'osier, leurs mains se rencontrèrent dans les fleurs; il pressa les deux siennes, qui ne purent se défendre de lui répondre par une étreinte, et alors, comme un fou, il porta ses deux mains à ses lèvres.—Elle se leva brusquement, irritée, et tous deux alors reprirent lentement leur chemin, marchant l'un près de l'autre, mais sans échanger ni regards ni paroles, comme deux boudeurs divins, gardant la conscience de leur bonheur perdu, qui tiennent en main la clef des Paradis terrestres et s'interdiraient eux-mêmes de jamais les ouvrir.

Ils rentrèrent les premiers. La petite église de Saint-Marcouf avait tinté six heures dans l'éloignement. Henri de Morsalines n'était pas revenu. Elle se mit au piano, comme pour rompre un mauvais charme et chasser toute une obsédante légion de pensées noires. Les partitions d'*Euryanthe* et d'*Obéron* se trouvant ouvertes par hasard, elle joua, comme elle eût joué toute autre chose, la musique pénétrante de Weber, le génie d'outre-Rhin qui a le mieux compris la poésie des bois: le son lointain des cors, le frisson des feuilles, le murmure des sources cachées. Georges écoutait. Peu à peu, sous l'influence de ces oeuvres magiques, il fut envahi par une sensation de fraîcheur religieuse comme s'il entrait dans une forêt haute: les tempes se calmèrent, les nerfs se détendirent, un souverain philtre d'apaisement s'infusa dans ses veines, et, du fond de son coeur assoupi, commençait à déborder le torrent des larmes, lorsqu'un bruit de roues sur le pavé de la cour annonça l'arrivée du comte. Marie se leva pour le recevoir, et Georges, mal réveillé de son rêve musical, s'attarda au salon. Lorsqu'il put s'arracher de son fauteuil, il aperçut, oubliée sur un coin du piano, une petite cravate de dentelle noire, encore tout embaumée de sa chevelure.

Il se jeta comme un chat sauvage sur ce chiffon béni dont le parfum l'enivrait, le couvrit de baisers et de pleurs convulsifs et, voleur inquiet, le serra vivement dans sa poitrine; mais son geste rapide fut aperçu par le comte, qui passait devant la porte-fenêtre du jardin. Pour lui ce ne fut qu'un éclair, mais lui donnait la mesure d'un abîme et lui révélant pour la première fois à lui-même toute la profondeur de son amour. Le comte avait pu voir sans être vu. Il passa vite comme si de rien n'était, se jeta brusquement dans une contre-allée ombreuse du jardin et se laissa tomber sur un banc, presque anéanti, la tête enfouie dans ses deux mains, comme cherchant à retenir ses dernières lueurs de raison.

Vous souvient-il de ces clairs et profonds étangs des bois où, dans le sillage d'un cerf, toute une meute en délire a passé? Il ne suffit pas d'un instant pour que la vase retombe, que les grandes herbes tourmentées se dénouent et que les eaux remuées aplanissent le miroir où les hauts peupliers redressent lentement leur image.

Le cerveau troublé du comte de Morsalines resta d'abord dans un désordre pareil: il lui fallut quelque temps pour retrouver le fil de ses pensées perdues et se reconnaître dans la nuit qui s'était faite en lui.

«C'est elle que Georges a sauvée, murmurait-il d'une voix sourde ... toutes les preuves sont là: sa chevelure blonde, cette plage bretonne, les désastres du père, l'origine franco-espagnole de Marie, son âge (il y a huit ans ... elle en avait quinze), les dates et jusqu'aux chiffres des années, tout concorde: les moindres détails ne laissent pas un doute dans leur inexorable enchaînement.»

Et se levant pour arpenter à grands pas les allées:

«Quel aveuglement! disait-il, j'aurais dû tout prévoir; il l'aime avec rage, et c'est dans un élan de passion comprimée qu'il a mouillé de ses larmes et couvert de baisers la petite dentelle noire de son cou.»

Puis, réfléchissant:

«Après tout, pensait-il, suis-je en droit de lui jeter mon blâme? Peut-être ne lui a-t-il rien dit et ne s'est-il pas départi de la réserve absolue que lui commandaient notre ancienne amitié, les plus simples devoirs d'un hôte et ses protestations de gratitude. Il n'est coupable d'aucun aveu, sans doute, mais la voix, le geste, le regard ont parlé.... Elle a dû le comprendre à ne pas s'y tromper. Hier, dans la soirée, au seul récit de ses voyages, comme elle écoutait, et comme elle le regardait! Jamais elle ne m'avait paru si belle, tous deux se transfiguraient dans le rayonnement l'un de l'autre, et quand elle a chanté son duo d'amour, jamais tant d'âme n'a vibré dans sa voix! D'ailleurs, n'est-ce pas lui qui l'a sauvée? Est-il étrange qu'elle en ait gardé souvenir? Et moi, qu'ai-je donc fait pour elle? un sacrifice de portefeuille, quelques chiffons de bank-notes pour tranquilliser son père dans une heure de crise? Voilà tout.

«Georges est un grand artiste, qui porte un nom justement célèbre, et moi? qui suis-je? Sans faire partie du vulgaire troupeau des hommes, puis-je me compter parmi ces êtres supérieurs qui naissent avec une lumière en eux pour éclairer les foules? Puis-je entrer en lutte?

«Et pourtant, qui sait? Pourquoi me créer des fantômes? Sans vouloir être trop fier, dois-je naïvement descendre au plus humble des rôles? Il me semble, sans orgueil, que je vaux aussi quelque chose. Georges l'aime, soit! mais elle? qui le prouve? Ce néfaste épisode de mer date de huit ou dix années. N'a-t-elle pas eu le temps de l'oublier, si jamais, du reste, elle a réellement songé à lui? Il a vécu dans les pays lointains comme s'il n'était plus de ce monde, sans donner de ses nouvelles ni s'être jamais enquis de personne. Marie peut être fantasque, bizarre, d'un caractère impossible à classer, elle m'a dit souvent qu'elle se regardait comme une énigme pour elle-même, mais chez elle le coeur est un diamant pur, et quand elle a mis, tout récemment, sa petite main dans la mienne, j'ai pu lire sa réponse dans son limpide regard. J'ai cru en elle, et j'y crois encore bien plus qu'en moi-même et que dans tous ces froids raisonnements qui s'enchevêtrent dans mon cerveau malade.... Demain, dans la matinée, à tête et coeur reposés, à l'heure où elle descend au jardin faire visite à ses fleurs, je lui parlerai et je verrai clair dans ce qu'elle me dira, à la franche lumière du premier soleil.»

Et, dans la rapide contradiction de ses pensées, le comte se rattachait des deux mains à ces petites branches menues et pliantes, mais solides toujours, que sur le bord des abîmes se complaît à nous tendre la maternelle espérance.

Dans les revirements de son esprit, il en vint presque à excuser l'artiste d'abord si gravement incriminé. Il se représenta dans ses moindres détails la scène de la veille, la présence inattendue de Georges dans son parc, leur joie mutuelle de cette rencontre toute fortuite, qui assurément n'avait rien de prémédité (le hasard est si grand, et parfois si rude!). Le comte se rappela la surprise, nullement jouée, du paysagiste à la vue du portrait sur ivoire, et son trouble subit, qu'il n'avait pas remarqué d'abord, quand il lui demanda si l'image était belle.... Il se souvint parfaitement que l'artiste, devenu pâle, avait gardé quelque temps le silence, trop ému sans doute pour trouver à l'instant sa réponse.

«Dès qu'il l'a reconnue, se disait le comte, il a compris le danger ... et quand il a pu se remettre de son trouble, le brave et digne garçon a voulu partir, réalisant en un clin d'oeil un héroïque sacrifice dont je ne me doutais pas.... Tandis que j'insistais, me fâchant presque pour le retenir, lui cherchait en hâte quelque prétexte plausible pour expliquer son brusque départ (ce voyage en Norvège doit être de pure invention), il était déjà descendu pour boucler son bagage, et serait déjà loin à cette heure, si Marie n'était venue. De nouveau, j'ai dit: «reste,» et sur mon insistance réitérée, c'est elle qui l'en a prié. Sous le charme de sa voix et de son regard, il n'a pu se défendre, je le comprends, et n'ai rien à dire; je dois attendre, j'attendrai que la pleine lumière se fasse; d'ici-là pas de bruit sinistre ou banal chez un vrai gentilhomme, comme je prétends l'être.... Il ne se passera rien qui ne soit digne d'elle, de mon hôte ou de moi-même.»

Il rentra, déjà presque maître de lui-même, et, de toute la soirée, rien dans son attitude ou son regard ne révéla les grandes crises de l'orage intérieur. Quand Mlle Marthe Alvarès descendit, à l'heure un peu tardive du dîner, le comte la présenta fort gracieusement au paysagiste.

Mlle Marthe n'a guère été citée que pour mémoire au début de ce récit. Je lui demande humblement pardon de mon irrévérence. C'était encore une très belle personne. Tous les âges ont leur genre de beauté, et quelques femmes ont vraiment tort de regretter si amèrement leur première jeunesse. Il est des arrière-saisons, chez les brunes surtout, qui n'ont absolument rien à envier aux vertes richesses des printemps. Mlle Marthe avait d'admirables épaules, et des bras d'un modelé superbe, en pleine chair sans empâtement, avec les deux fossettes légendaires souriant à la rondeur des coudes. Aux lumières, elle avait une splendeur de reine, et elle faisait encore sensation dans un bal de charité. Aux temps mythologiques, le maître de l'Olympe l'eût certainement préférée à toute la suite juvénile, mais un peu ascétique, de la Diane chasseresse, et de nos jours, un lieutenant-colonel du génie, un très beau capitaine de frégate, et même un propriétaire de hauts-fourneaux, personnage considérable de l'Eure, avaient sérieusement aspiré à sa main potelée; mais l'armée de terre et l'armée de mer, ainsi que la grande usine, avaient échoué devant son ferme vouloir de rester demoiselle. Quelque mystérieux hidalgo défunt lui souriait-il encore au fond de son passé dormant? Ceci la regardait seule. Elle adorait sa nièce, se plaisait à revivre en elle et le surplus de son coeur se répandait en bonnes oeuvres, largement et sagement réparties. Fort pieuse, très aimée des pauvres, elle savait encore occuper sa vie et la poétiser dans ses reflets de soleil couchant.

Elle était peut-être imbue de quelques préjugés, mais ces légères imperfections donnaient du relief à ses qualités grandes. Sa présence fut très heureuse ce soir-là, au milieu des passions contenues qui couvaient autour d'elle, sans qu'elle pût s'en douter. Georges lui plut de prime abord. Toute vive, elle eut son franc parler. Elle avait gardé la nostalgie de l'Estramadure et fut très injuste pour la France méridionale, qu'elle déclarait une mauvaise parodie de l'Espagne. Les arènes d'Arles et de Nîmes ne furent pas épargnées et baptisées par elles de faux cirques où grimaçaient de faux toréadors, évoluant sous de faux soleils. Carcassonne, Collioure et Perpignan sonnaient mal à son oreille, à côté de Séville, de Grenade et de Cordoue, et elle avoua que les dialectes de la Provence et du Languedoc lui donnaient particulièrement sur les nerfs quand elle songeait à sa belle langue espagnole, faite de musique et de lumière, où de simples porteurs d'eau se nomment des *Aguadores*.

Son petit havanais, gros comme le poing, dont Georges caressait les belles soies blanches, tout en lui donnant du sucre et en admirant ses oreilles roses, fit également très bon accueil au paysagiste. La conversation ne languit pas un instant. Mlle Marthe s'étonna à bon droit de plusieurs choses qu'elle avait peine à comprendre.... Elle trouvait que les Français, pour la plupart si contents d'eux-mêmes, sont généralement d'une ignorance de carpes sur les détails les plus habituels de la vie. «Je n'en connais pas un sur mille, disait-elle, sachant que le café dont il boit tous les jours lui vient d'un arbuste à fruits rouges comme nos cerises.»

Elle avait demandé un jour dans un cercle d'érudits, où se trouvaient quelques botanistes, le vrai nom de l'arbre qui fournit le palissandre, et personne n'avait pu lui répondre.

Mlle Marthe, ayant beaucoup voyagé, se plut à donner à Georges de curieux détails sur les pépites, les paillettes et la poudre d'or, vannés sur la côte de Guinée, dans le sable des rivières, par de beaux noirs du plus magnifique ébène, et elle raconta qu'elle avait ramassé de sa main des diamants à fleur de terre dans les antiques forêts incendiées du Brésil. Il n'y eut pas de lacunes regrettables dans les dialogues variés de la soirée, mais il n'y eut pas de musique non plus, et on se quitta d'assez bonne heure. Le trio des masques (ils furent assez dissimulés pour mériter ce nom-là), Henri, Georges et Marie, fut affligé d'insomnies bien différentes des beaux rêves de la veille. Seule, Mlle Marthe passa la nuit calme. Avant de fermer les yeux, en songeant à Georges, elle crut bien avoir déjà vu cette figure-là quelque part, mais dans un souvenir très lointain et très vague, et comme cet effort de mémoire commençait à lui fatiguer le cerveau, elle prit le parti de ne plus y penser et s'endormit en paix du sommeil des heureux et des justes.

III

Le lendemain, le premier rayon du soleil levant tomba sur la palette de Georges, installé déjà sur le pont d'une arche attenant au vieux moulin de la Sinope. Il était revenu seul au bord de la petite rivière où ils étaient deux la veille. Condamné à partir le jour d'après, il n'avait pas voulu quitter sa chère vallée sans lui dire un dernier adieu, et il tenait à emporter dans son bagage d'artiste un vivant souvenir de cette promenade où pour la première fois son amour avait discrètement parlé.

Le comte, qui n'avait pas fermé l'oeil de la nuit, était parti de grand matin pour les dunes de Ravenoville, espérant qu'une longue course à cheval dans les brumes de la Manche lui rafraîchirait le sang, et que l'agitation du corps endormirait un peu la tempête morale; mais il eut beau longer les grèves et lancer son coureur au ras du flot, jusque dans la haute et folle écume des lames, rien ne put calmer sa fièvre, et il eut grand'peine à patienter jusqu'à l'heure habituelle où Marie descendait au jardin.

Elle n'avait pas dormi non plus, et, pour elle surtout, cette nuit fut terrible. Pour échapper aux tourments de son insomnie, elle essaya de lire, mais nos plus grands écrivains, prosateurs et poètes, étaient fades près du roman de son coeur. Elle jeta un rapide coup d'oeil sur sa vie ... que devait clore bientôt l'union projetée avec Henri de Morsalines. Ce mariage, qui lui avait presque souri le mois précédent, lui semblait aujourd'hui sérieux comme une prise de voile; mais elle était résolue au grand sacrifice, se regardant comme engagée par sa promesse antérieure et comme indissolublement liée au grave gentilhomme qui avait si courtoisement aspiré à l'honneur de cette union. Le jour de sa demande, elle avait, sans arrière-pensée, mis franchement sa main dans la sienne, et, ce jour-là, très certainement, sa petite main n'avait pas menti.

Elle descendit à dix heures, comme d'habitude. A sa vue, le comte, pour la première fois, fut troublé comme un enfant; il lui sembla que toute son énergie s'en allait. Il était planté, tout songeur, derrière une grosse touffe de lilas, confus d'abord et presque hésitant. Elle ne l'avait pas encore aperçu.

Cette fois, elle ne fit pas attention aux grandes corolles de ses magnolias, à peine accorda-t-elle un regard distrait aux myosotis des sources acclimatés dans l'eau de son jardin; mais en passant près d'une plate-bande de sable, elle se baissa vivement pour cueillir une jacinthe orientale, puis quelques brins d'hysope aux fleurettes bleues qui, ce jour-là peut-être, lui disaient quelque chose de l'Égypte et de Jérusalem. Elle était vêtue de blanc, un simple ruban mauve nouait sa chevelure. Tout en froissant les fleurettes parfumées dans ses doigts, elle marchait avec lenteur et recueillement. Henri la contemplait. De vagues ressouvenirs de poésie sacrée, d'*Esther* et de Saint-

Cyr, lui revenaient en mémoire avec des fraîcheurs d'aurore, et jamais il n'avait eu pour elle une si religieuse admiration. Dès qu'elle put apercevoir le comte, elle vint à lui, qui semblait se trouver là comme par hasard, tandis qu'en réalité il attendait depuis deux mortelles heures. Quand les yeux de Marie répondirent aux siens, ce clair regard apaisa comme un enchantement tous les tumultes de son coeur. Il se demanda comment il avait pu douter d'elle un seul instant; mais, décidé d'avance à lui parler le matin même, il entama l'entretien d'un ton qui n'était ni trop intime ni trop solennel mais avec une certaine gravité dans la voix:

«Marie, dit-il en forme d'exorde, je suis vraiment heureux de pouvoir causer avec vous quelques instants ce matin; si vous le permettez, je tiendrais à votre assentiment sur quelques points en litige dans mon for intérieur, et serais très désireux de connaître votre manière de voir et de penser sur une question qui me donne à réfléchir....»

Sans témoigner trop de surprise à ce grave début, Marie fit signe qu'elle écoutait; il continua:

«Je dois vous avouer en toute franchise qu'il m'est venu des scrupules, puérils peut-être, qui assurément ne pèsent pas sur ma conscience comme des remords, mais qui me préoccupent néanmoins, et même assez sérieusement pour que je prenne la liberté de vous en faire part: je me suis demandé parfois si, malgré de belles apparences qui plaident en ma faveur, je ne serais pas au fond un très grand égoïste?»

Marie répondit par un geste de dénégation, en essayant de le détromper; elle commençait à comprendre où il voulait en venir.

«Je songeais, ce matin même, dit le comte, à un *gentleman farmer*, pas très vieux encore, c'est possible, mais un peu mûr déjà, ayant passé la trentaine, d'habitudes rustiques, presque sauvages, aimant la chasse à courre, le son des trompes, sa meute aux longs abois et même le hennissement de ses chevaux, et je me demandais si ce gentilhomme campagnard, confiné dans son manoir féodal comme un seigneur du temps jadis, a bien le droit d'enchaîner à son existence monotone la vie d'une femme jeune, belle, intelligente, faite pour s'épanouir en pleine lumière dans les bals ou les salons de Paris, qui seuls peuvent apprécier dignement ses éclairs de jeunesse, l'aristocratie de sa beauté, toutes les fleurs de son esprit charmant et même (pourquoi ne pas le dire?) le grand style de ses toilettes vraiment incomparables!

—Vous vous calomniez, monsieur le comte, répondit-elle avec un demi-sourire.

—Certes, non; mais, en réalité, est-ce une perspective bien attrayante que cet éternel horizon de prés, de bois et de grèves, aux fenêtres d'un vieux château perdu dans un fond de province, où trop souvent l'ennui doit tomber des plafonds? Enterrer de gaieté de coeur la jeunesse d'une femme et ses plus belles années dans une pareille solitude, n'est-ce pas aussi cruel que de prendre de beaux papillons de jour, encore tout frémissants de la sainte lumière du soleil, pour les clouer vivants dans les ténèbres?

—Vos comparaisons ne sont-elles pas un peu outrées et ne représentez-vous pas sous des bien sombres quelques scènes tranquilles de villégiature? Arrivez au but simplement.

—Pardonnez-moi, reprit-il avec animation, si je n'ai pas dit précisément ce que je voulais dire, et permettez-moi d'expliquer plus clairement ma pensée.»

Et mettant dans ses paroles un respect absolu et les nuances de la plus discrète réserve, mais avec un tremblement nerveux dans la voix:

«Marie, dit-il, le jour où, n'écoutant que mes voeux personnels, je vous ai demandé votre main, ce jour-là peut-être vous êtes-vous crue liée à mon égard par des sentiments de gratitude exagérée, que j'apprécie sans doute et qui vous font, à mes yeux, le plus grand honneur; mais si je n'avais rien dit encore, si je vous adressais aujourd'hui cette demande pour la première fois, votre réponse serait-elle absolument la même, en toute liberté d'esprit, en pleine indépendance de coeur?

—Oui, monsieur le comte,» dit-elle à voix basse et les yeux gravement baissés.

Le comte respira. Il y eut un long silence, et quand ils se levèrent tous deux, avec son intuition de femme, Marie ajouta:

«Saviez-vous que M. Fontan veut absolument nous quitter demain? Sa résolution est inébranlable. Il paraît que ce voyage au Nord lui tient décidément à coeur.

—Et moi qui jusqu'alors avais regardé ce nouveau pèlerinage comme un simple prétexte! C'est donc réellement sérieux?

—Très sérieux,» répondit-elle.

S'il restait encore des nuages dans la pensée du comte, ils furent promptement dissipés.

Le paysagiste, bon marcheur, rentra à l'heure militaire, rapportant l'esquisse de la Sinope, que le comte trouva fort belle et que Marie Alvarès ne put voir sans être émue profondément.

«Hier, dit Georges à Henri, je t'ai fait cadeau de mon *Avenue des Hêtres*; aujourd'hui, si tu le permets, je garde pour moi ce coin de vallée comme un souvenir du pays.»

En déjeunant, on avait parlé, pour l'après-midi, d'une excursion à Saint-Waast-de-la-Hougue. On attela *Sélim*, alezan brûlé à crinière et queue flottantes, un arabe très doux, de onze ans déjà, âge fort respectable pour un cheval; néanmoins, Mlle Marthe, qui, cette fois, n'était pas sollicitée par une oeuvre de charité, préféra rester à la maison. Ils étaient donc trois pour ce voyage: Georges et Henri sur le devant de la voiture (Henri conduisait), Marie seule dans le fond, où sa longue robe pouvait à l'aise épanouir son ampleur. Par la vitre, baissée, il lui était facile, du reste, de renouer l'entretien interrompu, quand, de temps à autre, il lui en prenait fantaisie. Tout alla fort bien jusqu'à la croix des routes de Montebourg à Quinéville; mais, un peu plus loin, en vue des hautes ruines de Saint-Michel, où commence une côte rapide, qui descend en droite ligne, *Sélim* fut quelque peu effarouché par de longs nuages emportés au vent de mer et qui, passant entre soleil et terre, barraient la route par intervalles de leurs grandes ombres fuyantes; ce n'eût rien été, mais un troupeau de moutons poudreux se jeta dans les roues; on coupa le troupeau. Pour surcroît d'embarras (c'était ce jour-là foire de Quettehou, près Saint-Waast, on n'y avait pas songé), une bande indisciplinée de gros bétail, boeufs, taureaux, vaches et bouvillons, descendait la pente opposée et venait rapidement à leur rencontre. (Les bêtes se rangent moins volontiers que les hommes.)

Il y avait surtout dans le nombre un petit taureau noir sauvage, aux regards de travers, qui faisait blanc de son oeil et à qui, sans doute, la robe alezan de *Sélim* ne revenait pas. Il se rua sur lui en droite ligne et se campa sur ses quatre pieds en baissant la tête comme s'il voulait éventrer le cheval et mettre à néant l'équipage. *Sélim* fit un bond de côté, se cabra, partit à fond de train sans qu'on pût l'arrêter et vint s'abattre au bas de la côte, sur la borne kilométrique. Georges et Henri furent jetés à terre violemment, Georges sur le gros tas de pierre des cantonniers, Henri au revers du fossé. Marie Alvarès, à part quelques éclats de vitre, n'eut aucun mal. Elle s'échappa comme un éclair de la voiture renversée, et quand elle aperçut Georges étendu sans mouvement, pâle et la tête en sang, elle ne fut plus maîtresse d'elle-même, et courut à lui d'abord: la rivière étant là tout près, elle y descendit en hâte pour mouiller une grande plaie ouverte à la tempe; son mouchoir, son foulard de cou, ses manches de batiste y passèrent, et pour assujettir le bandeau improvisé, elle noua convulsivement sur le tout la coiffure en grosse cotonnade bleue de la petite bergère aux moutons, qui se trouvait là. Georges revint à lui:

«Merci, Marie, ce n'est rien,» dit-il à voix basse.

Pour le comte, brusquement étourdi de sa chute, quand il rouvrit les yeux, il eût préféré ne jamais les rouvrir. Il avait tout vu dans l'empressement affolé de Marie près de Georges, et désormais il n'était que trop éclairé. Sous le coup rapide de cette commotion morale qui le frappait si rudement en plein coeur, il retomba dans un long évanouissement réel, et, quand il reprit conscience de la vie, Georges, Marie et la petite bergère lui jetaient encore de l'eau froide au visage.

La voiture étant brisée et le pauvre *Sélim* couronné, ils revinrent dans une longue charrette de paysan, que son conducteur ramenait à vide. Au retour, on coucha l'artiste, pris de fièvre; mais le médecin déclara son état sans danger (deux ou trois jours de repos devaient suffire), et Mlle Marthe s'installa au chevet du malade en vraie soeur hospitalière.

Le comte n'avait aucune blessure sérieuse apparente. Sa détermination était prise. Il s'était dit:

«Je comprends tout maintenant de Marie Alvarès. Rien ne prévaudra contre son opiniâtre et inflexible volonté. Georges serait parti demain; c'est elle qui a dû hâter son départ. Elle en a eu le courage. Je la connais bien: esclave d'une première parole donnée, elle aurait mis sa main dans la mienne sans hypocrisie, et elle aurait suivi jusqu'au bout la ligne rigoureuse du devoir. J'en suis sûr. Il est des femmes que leur dignité sauvegarde, qui, d'instinct, ont horreur d'une tache, comme l'hermine de la boue; mais elle en serait morte. Et moi, d'ailleurs, aurais-je pu étouffer ses pensées, renverser d'un souffle les images de ses rêves, écraser ses lèvres, qui, peut-être, dans la franche illusion du sommeil, auraient prononcé à haute voix le seul nom qui lui reste au coeur! aurais-je eu la force d'assister froidement à cette longue agonie? non, ce viol me révolte. Il faut une victime, je disparaîtrai.»

De toute la soirée, le comte ne laissa rien voir de son agitation, il resta impassible. Marie put croire même que son empressement de folle près de Georges, blessé, n'avait pas été aperçu. Avant de rentrer chez lui, le comte de Morsalines vint s'informer de la santé de l'artiste, qui sommeillait, et, quand il prit congé de Marie, il lui souhaita le bonsoir affectueusement, mais simplement, comme s'il devait la revoir le lendemain; pourtant elle remarqua quelque chose de singulier dans son regard, un peu fixe ce soir-là, mais affable toujours.

Le comte de Morsalines ne se coucha pas de la nuit, et voulut partir sans phrases, sans récriminations banales, sans faux attendrissements sur lui-même. Il écrivit trois lettres, dont deux très courtes, à Georges et à Marie; la troisième à son notaire, sous le couvert de Mlle Marthe. Voici les deux premières:

«MARIE,

«J'ai compris le secret de votre héroïque mensonge, mais je n'accepte pas le sacrifice. Vous êtes libre. Je me suis toujours fait une joie d'obéir à vos moindres volontés, je désire que, pour une fois, les miennes soient exécutées. J'ai prié Mlle Marthe de vous les exprimer.»

La seconde lettre était ainsi conçue:

«GEORGES,

«La vie est semée de singuliers inattendus. Nos deux rôles sont changés. Aujourd'hui, c'est moi qui voyage, et pour revenir, Dieu sait quand? J'ai toujours eu l'envie de connaître la flore de l'Himalaya.»

En post-scriptum, il avait ajouté: «Reste. Ton départ l'aurait tuée.»

Dans la troisième lettre, destinée à son notaire, le comte, voulant que Marie qui, après tout, était de sa famille, figurât au contrat avec un apport convenable, lui donnait le château du Haut-Mesnil, où elle se trouvait, et toutes ses dépendances.

Il descendit les grands escaliers bien avant l'aube, sur la pointe du pied, à pas furtifs, pour n'éveiller personne. Dans la cour, un gros chien de chasse lui mit en silence ses deux pattes sur la poitrine comme s'il comprenait. Le comte embrassa sa fine tête de bonne race, et s'esquiva en toute hâte. Son coupé l'attendait, à quelques minutes de là, au village de Fontenay.

Par une amère ironie de sa destinée, une heure après, il rencontra sur la route, dans la pleine lumière du soleil levant, deux personnages de sa connaissance, des enfants de ses fermiers, qu'il avait mariés la semaine passée: François Corbin et Guillette Mauger. Guillette avait sur l'épaule la grosse *canne* de cuivre où chaque fille du pays porte son lait; François, en guise de collier sur sa blouse neuve, le talbot de sa vache et les *enferges* de sa *Grise*. A leur salut, le comte fit arrêter:

«Eh bien, mes enfants, leur dit-il, vous voilà bien heureux, n'est-ce pas! Il ne vous manque rien?»

François affirma naïvement que ses voeux étaient comblés.

«Et toi, Guillette? dit Henri.

—Dame, répondit la petite Normande à la mine éveillée ... il y aurait bien le pré de la Gervaise attenant à la maison ... mais, faute de cinq cents francs.

—Voici le pré de la Gervaise, dit le comte en lui glissant un billet dans la main. Adieu, mes enfants.»

Il arriva à Valognes quelques minutes avant l'arrêt du train. Le chef de gare, qui le connaissait, le salua avec les marques du plus profond respect, lui ouvrit le wagon, sa casquette à la main, et quand il eut refermé la portière, au sifflet de vapeur, il remarqua, avec surprise, deux grosses larmes dans les yeux du gentilhomme qui n'avait jamais pleuré.

PENSÉES D'UN PAYSAGISTE

A J. DE BLANZAY.

Si tes deux mains sont pleines de vérités, ne laisse échapper que les vérités consolantes.

Les règles générales ne ressemblent-elles pas aux grandes routes qui poudroient sous les mille pieds des troupeaux aveugles.

Le siècle fourmille de vieux enfants las qui répugnent à la fatigue de penser. Déploie un rouleau d'images, ou chante-leur des chansons.

On associe un peu trop aisément la misère et le génie: la misère est une rude couveuse; pour un oeuf enchanté qu'elle a fait éclore, combien en a-t-elle écrasés!

La conscience: petite lanterne sourde que la solitude allume dans la nuit.

Le vin, l'argent, la gloire: sources de trois ivresses difficiles à bien porter. Bon an, mal an, vous avez rencontré cinq ou six buveurs de belle compagnie ayant le bourgogne ou le bordeaux galant homme; dans l'espace d'un demi-siècle, peut-être deux ou trois riches que leur fortune ne grisait pas, à l'aise dans leurs millions comme une grande dame dans sa toilette: pour la troisième ivresse, si, dans le cours de votre existence, vous avez connu un seul demi-dieu pouvant aspirer les arômes du cigare magique sans être étourdi par ses bouffées capiteuses, montrez-le-moi, je vous prie;—que je mette un genou en terre.

Si vous faites la part de l'organisation d'un homme, de son éducation, du milieu social où l'ont jeté sa naissance ou le hasard, et si vous daignez réfléchir à la somme d'énergie nécessaire au lutteur engagé dans cette passe terrible de la vie, vous serez parfois effrayé de la grandeur morale de certains personnages que l'histoire oubliera, et vous trouverez dans l'intimité de votre coeur une indulgence sans bornes pour les faiblesses de tant d'autres.

Connaissez-vous le pic, l'oiseau grimpeur habillé de vert, qui creuse son nid à coups de bec dans les arbres de haute futaie, les chênes ou les hêtres de nos forêts d'Europe; l'oiseau farouche, inquiet, bizarre, qui rit dans la pluie et qui pleure quand le ciel est bleu? Quoi qu'en dise la belle phrase brodée de M. de Buffon, ses oeufs ne sont pas verdâtres comme sa robe de noces, mais blancs de neige, à coquille lustrée comme la porcelaine fine, afin d'être visible à l'oeil de la couveuse, dans la cavité profonde où s'abritent les nouveaux mariés.

Ne trouvez-vous pas le bon sens ridicule et la raison stupide, quand le coeur est en jeu?

A quelques lieues de Paris, le chemin de fer passe à travers un cimetière. A la vue des cyprès et des pierres blanches fuyant aux deux bords de la route, on se demande: A quoi bon marcher si vite pour en arriver là?

Au fond des plus belles proses on trouve souvent un poète défleuri, qui, d'un oeil mal essuyé, contemple son ancienne couronne de Nanterre.

La valeur d'un écrivain se mesure à la somme de pensées qu'il remue dans un siècle.

La vieille bouche stridente de Voltaire, soufflant une bise froide qui roula tant de feuilles sèches, dit moins de choses que la lèvre pincée d'Erasme.

Le chemin de ceinture a creusé un long tunnel sous la colline du Père-Lachaise. J'ignore jusqu'à quel point la taupe industrielle a le droit d'établir ses galeries souterraines sous la ville des morts. Une voie de fer, installée sous mes vertèbres, me semble une violation de sépulture. Il y a solution de continuité entre mes os et le centre du globe. Le propriétaire du dessus n'a-t-il pas droit au dessous? Au nom de ma concession à perpétuité, je réclame. J'ai ma pudeur funèbre et me crois mal enterré.

Comme l'algèbre, le merveilleux a sa logique; c'est un petit monde à part, un paradis terrestre hanté par de rares adeptes qui se grisent d'azur et de rosée. Une fausse note dans cette assemblée d'élite est d'une discordance aussi terrible que le cri rauque d'une perruche à travers une belle phrase de Mozart.

Il y a gens d'esprit et gens d'esprit. Que de frelons passent pour abeilles! Heureux qui sait cueillir les sommités fleuries!

Laisser croire qu'on a des idées rapporte souvent plus que d'en avoir.

S'il est des femmes qui spiritualisent la chair, il en est d'autres qui bestialiseraient le génie.

Nous ne sommes créés ni pour les grandes douleurs, ni pour les joies trop grandes ... une pluie fine réjouit les oeillets et les tulipes, et ne fait qu'en raviver les couleurs; une averse brise les tiges et couche les plus belles fleurs dans la boue.

C'est au pays de l'oiseau-lyre, dans la chaude contrée des arômes, parmi les riches bouquets d'îles formés par des récifs de corail, que vivent en bande les grands paradisiers. Le somptueux faisceau de leurs plumes subalaires les oblige à courir des bordées contre le vent pour ne pas froisser leur costume de cérémonie. Quand ils ont le bonheur de prévoir assez tôt les brusques ouragans des tropiques, ils s'enlèvent comme une fusée volante bien au-dessus de la ligne des nuages, et laissent passer la tempête en promenant leur fantaisie dans les plus hautes régions de l'éther. Ils attendent que la paix soit rétablie sur la terre pour descendre dans leurs forêts parfumées. Leur robe-parachute est magnifique d'ampleur. Mais si, trop enivrés par les amandes fraîches des muscadiers, ou simplement attardés par une légitime folie d'amour, ces pauvres rois de l'air sont surpris par l'orage sous les arbres serrés de la Polynésie, le luxe de leur toilette devient pour eux un embarras terrible; ils s'enchevêtrent en aveugles dans les lianes et les menues branches, et les indigènes les abattent d'une flèche, ou les prennent à la main sans blessure. C'est alors que commence leur supplice: dans l'intérêt des plumes, pour conserver tout son lustre à l'oiseau rare, on lui brûle les entrailles vives; puis on expédie dans le creux d'un bambou le merveilleux défunt aux belles filles d'Europe et d'Asie. Ce riche supplicié ne fait-il pas songer aux bien-aimés poètes qu'une pensée malencontreuse engage trop avant dans la mêlée contemporaine? Planez dans l'azur, ô poètes! laissez aux prosateurs la rude besogne qui veut de longues bottes et des balais à grands manches. Platon, le divin penseur, rendait pleine justice à votre charme souverain, mais il comprenait que vous gêniez la manoeuvre: pleurez vos souvenirs, chantez vos espérances; mais, pour Dieu! ne descendez jamais dans la désolante ornière du présent.

La langue française, si pauvre pour les écrivains qui la connaissent peu, n'est-elle pas d'une richesse inouïe pour le virtuose qui laisse à point tomber son doigt sur la note précise de l'immense clavier?

Les bons vers sont comme les bons vins, ils gagnent à vieillir.

Il est de pauvres gens qui ont le malheur de tout comprendre.

Pourquoi s'étonner du grand nombre des ingrats? Donner de bonne grâce est si rare! Aux mauvais semeurs, la récolte des ronces.

Belle pensée de Tertullien: Notre impossibilité de concevoir Dieu nous donne une idée magnifique de sa grandeur.

Hygiène morale, santé du coeur.

Autrefois le rat de moulin, le rat d'église, le rat d'égout vivaient à l'aise, chacun dans son domaine; la civilisation moderne les oblige à cumuler, à se disputer le royaume étroit des ténèbres, pour ne pas mourir de faim. Pas un pauvre petit coin du monde qui n'ait son inspecteur ou son éclairage au gaz!

Si vous avez eu le génie de Richelieu et la féconde astuce de Mazarin pour vous édifier un trône, il vous est permis d'être grand comme Louis XIV.

Ne lisez Montaigne qu'à cinquante ans, quand vous aurez le torse enveloppé de chaude flanelle, le ventre au feu, les pieds sur les chenets, dans une chambre bien close et bien capitonnée, lorsque la première bise d'hiver fouette les vitres et fait songer aux pauvres errants sur les routes. Montaigne est la prose d'Horace. Son livre est le bréviaire des vieux gourmets au coeur sec, hommes d'expérience aimant à siroter la vie par petites gorgées et tenant à jouir pour tous les centimes que renferme une pièce d'or quand ils consentent à la dépenser; livre écrit en beau français, soit; et pour notre langue un des plus riches filons du XVIe siècle; je l'avoue; mais livre des vieux, évangile des égoïstes.

Est-ce bien le même homme qui a écrit une si belle page sur l'amitié?

Les grands poètes de la Grèce antique sont nés sous une mauvaise étoile:

«Eschyle a le crâne brisé par une tortue tombant du ciel.

—Euripide est dévoré par la meute d'un roi de Macédoine.

—Sophocle est traîné comme un vieux fou devant l'Aréopage par ses enfants irrévérencieux.»

Les historiens qui blâment Julien l'Apostat trouveront toute naturelle la conscience méridionale de Henri IV.

Panthères et léopards ont une robe d'étoiles; mais le tigre est zébré de grandes zones; il n'a jamais été *tigré*. On aura confondu, dans nos premières ménageries, les rois et les reines de la race féline, et l'usage aura religieusement consacré l'erreur populaire.

Dans les belles années de votre jeunesse, à quatorze ou quinze ans, vous avez rencontré sans doute en voyage une charmante ville haute abritée par de vieux châtaigniers coquettement étagés sur ses pentes, et se mirant de loin dans un fleuve tranquille, empourpré des lueurs du matin. Aux derniers plans du paysage, comme un fil d'araignée jeté dans la brume d'or, la courbe d'un pont suspendu mariait deux collines. Le soleil printanier vous envoyait ses rayons, comme une pluie de joie; toutes les cloches étaient en branle, l'orgue chantait et le vent tiède et parfumé vous apportait des lambeaux de musique sacrée. Des enfants roses jouaient au seuil des portes ouvertes. De jeunes femmes à longues robes cheminaient vers l'église, et les petites vieilles, proprettes et réjouies, laissaient épanouir de belles rides maternelles sous les amples tuyaux de leurs bonnets à barbes de neige. Quoique étranger, vous

vous sentiez chez vous. La bienvenue rayonnait sur tous les visages, comme une sainte lumière des coeurs. Depuis, vous avez vu bien d'autres villes, plus grandes ou plus célèbres; mais la première est restée comme une vivante image incrustée dans votre souvenir. Plus tard, vous avez voulu la revoir; vous l'avez longtemps cherchée sans pouvoir la retrouver. Vous ne saviez plus son nom: «Était-ce en France, ou sur un versant d'Espagne? N'était-ce pas une cité flamande, une riveraine de la Moselle ou du Rhin? Peut-être au pied des Alpes la retrouverais-je? Je me rappelle une fraîche voisine de Saint-Gall, de Lucerne ou de Glaris.» Mais non; vous perdez votre peine. Les années passent, et votre souhait ... vous finissez par ne plus y songer. Vous vous étiez dit pourtant: «Si j'entendais prononcer le nom de cette ville, je la reconnaîtrais.» Un jour, par hasard, un indifférent répète devant vous ce nom-là; vous tressaillez: c'est bien elle. Des syllabes identiques vous ont frappé l'oreille. La ville est tout près de vous. Vous avez passé cent fois près d'elle sans le savoir; c'est au plus à quinze ou vingt lieues. Vous y courez en toute hâte; en route, vous écoutez chanter en sourdine dans votre coeur l'orchestre magique des lointains souvenirs. Enfin, vous entrez dans la ville de vos rêves; mais vous ne la reconnaissez plus. C'est bien elle, pourtant; voici le mail, le pont là-bas, le clocher, l'église, rien n'y manque; mais le ciel est gris, le fleuve sale, les arbres rouillés, les gens rogues, les chiens maussades, les enfants déguenillés et pleurards. «Quel changement! dites-vous; est-ce possible! c'est une erreur, sans doute.» Pauvre homme! Toi seul as changé.

Les *robes* jouent un assez grand rôle dans notre existence d'homme. Lorsque percent nos premières dents, que nous bégayons nos premières syllabes et que nous essayons notre premier pas en trébuchant, notre petite main s'accroche à une *robe*, la robe de la jeune et gracieuse femme que Dieu fit notre mère. Elle, tricotant nos bas ou brodant nos vestes futures, va tout droit son chemin sur le haut tapis des salons ou le sable fin des allées, n'osant détourner la tête pour ne pas décourager nos efforts ..., mais son coeur a des yeux. Elle est un écho de nos moindres mouvements. Elle chemine heureuse ... l'enfant grandira ... et peut-être un jour sera Duguay-Trouin, Pétrarque ou Vélasquez;—elle est la mère d'un homme qui doit dompter la mer ou conquérir des âmes.—Au printemps de la vingtième année, le frôlement d'une *robe* éveille une tempête en nous; nos oreilles tintent, nos yeux se troublent; quelque chose nous prend à la gorge et paralyse nos paroles; avec quelle joie nous verserions tout le sang de nos veines pour un seul pli de cette *robe* qui passe!—Et plus tard, quand nous avons vu soixante et quelques fois s'effeuiller la cime rougeâtre des marronniers, que l'heure est venue de quitter la scène, que nous nous sommes couchés pour passer bientôt par cette petite porte basse ouvrant sur les grandes régions inconnues; alors, si à notre oreiller nous entendons le bruit d'une *robe* qui veille, nous savons qu'une belle main pieuse est là pour clore nos paupières. Cette suave pensée nous console presque de mourir, nous aide à passer doucement, à nous éteindre comme la dernière lueur d'un cierge béni, qui se fond dans un flot parfumé de cire blanche.

J'aime le sourire des gens graves. Quand je vois s'entr'ouvrir la bouche discrète des penseurs, je me souviens des riches floraisons répandues sur les calmes étangs des bois: trèfles d'eau, sagittaires, nymphaeas, villarsies. Les enfants qui passent ne se doutent pas des longues racines chevelues qui plongent aux abîmes; ils n'aperçoivent que la fleur suave éclose des profondeurs.

Pour marcher dans l'histoire, quel guide préférez-vous, de Jules ou de Henri? L'un vous prend la main comme à un enfant, et, témoin ému de vos rires et de vos pleurs, vous promène haletant à travers les comédies ou les drames du passé; l'autre est froid et fatigant comme un procès-verbal: ce sera l'Anquetil des races futures; on l'achète pour meubler sa bibliothèque, mais on l'ouvre peu. Il me semble que la Muse sévère de l'histoire n'interdit pas les manifestations de la vie; flammes visibles ou feux couvants, tous les vrais historiens sont passionnés. Hérodote est grand-oncle de l'Arioste; Thucydide, un peu cousin de Tyrtée; et Tacite frère de Juvénal.

Il est des heureux qui naissent pour aimer, d'autres pour être aimés.

Pourquoi saluez-vous le corbillard qui passe, conduisant un mort que vous n'avez jamais connu? les opinions varient: les Pharisiens disent: «Bon voyage; il ne pourra plus nuire: morte la bête, mort le venin;» les chrétiens: «S'il a eu des torts envers moi, j'en ai eu peut-être à son égard: je lui pardonne;» les masses, raisonnant peu, mais souvent fort éclairées sans le savoir, obéissent à une pensée plus haute, saluent, à son entrée dans une autre vie, un être d'un ordre supérieur, et tirent simplement leur casquette à l'immortalité de l'âme.

A notre époque, les acteurs comiques, injectés d'atrabile, succombent à des accès de folie noire, tandis que les préposés aux pompes funèbres meurent souvent de pléthore alcoolique, exhilarés, épanouis; leur dernier soupir est un éclat de rire.

Entre les aveugles-nés et les aveugles par accident la différence est grande; aux derniers seuls la douleur. Ils ont joui de la lumière, ils savent ce qu'ils ont perdu, tandis que les premiers marchent au milieu d'un paradis terrestre qu'ils ne connaissent que par ouï-dire; ils ne peuvent soupçonner les splendides paysages que chaque aurore éclaire pour les voyants.

———

Les êtres qui n'ont jamais aimé ressemblent aux premiers aveugles.

———

Les coloristes naissent au pays du soleil ou de la brume: Vénitiens ou Flamands; Titien et Véronèse, Rubens et Van Dyck. La lumière des uns est-elle plus riche, plus grasse, plus ruisselante, plus égale, plus légère, plus subtile, plus aérienne? chacune a son caractère et sa beauté. Ce sont des lumières soeurs, sous des latitudes extrêmes. L'une est comme un rayonnement du vrai soleil; l'autre semble jaillir de l'âme, du foyer divin qui éclaire l'artiste noyé dans les ténèbres des basses régions humides.

———

Le plus riche héritier des belles traditions de la grâce antique, le grand maître de la Renaissance, Jean Goujon, n'a jamais copié ni imité la Grèce. Il l'a comprise, il l'a aimée, se l'est assimilée dans son ardent amour, et, devenu créateur, il a laissé des oeuvres qui vivent, et qui vivront tant qu'un soleil se fera gloire de les éclairer. Il a retrouvé le charme souverain de la beauté païenne dans l'harmonie de ces corps suaves qui savent chanter aux yeux. C'est un frère de Prud'hon et d'André Chénier.

———

Les serments se prêtent, mais ne se donnent pas: ce qui explique leur grand nombre.

———

Toutes les religions sont bonnes; la plus belle des raisons ne vaudra jamais la suprême douceur de croire à quelque chose.

———

Jusqu'à présent personne n'a pu me prouver que Dieu n'existait pas: donc j'y crois.

———

Les artistes n'ont pas la folie de vouloir plaire à tout le monde. Ils savent bien qu'ils travaillent pour des groupes similaires, des *voyants* organisés comme eux, mais qui, ne sachant ni sculpter, ni peindre, se glorifient d'un frère supérieur réalisant son oeuvre dans l'harmonie de leurs pensées.

Chacun a ses pauvres. Pour moi, je donne de préférence à ceux qui me plaisent; c'est injuste pour ceux que j'oublie à regret: j'aime à penser qu'ils pourront plaire à d'autres.

J'aime peu les avocats. Quand on veut me prouver quelque chose, j'ai l'habitude de m'en aller.

De son vivant donner son nom à une rue de Paris, représente chez nous le comble de la gloire: rue Rossini, rue Auber, rue Lamartine. Alfred de Musset et Théophile Gautier, qui pourtant ne se ressemblent guère, mais tous deux d'une distinction si rare, obtiendront-ils jamais cette sanction municipale?

Les choses les plus graves, les plus belles, les plus saintes, ne se prouvent pas, mais se révèlent: nous comprenons l'amour en aimant, la charité en donnant, la foi en croyant.

Après cette vie terrestre, où donc irai-je? Où sont allés ceux que j'aime. Le reste m'importe peu.

Quand la poésie se met à la queue d'un parti politique, elle se dégrade. De souveraine, elle descend au rôle de servante. La princesse éblouissante devient Peau d'Ane. Et pourtant notre coeur devrait être un abîme d'indulgence pour les poètes, ne fût-ce que par gratitude pour les saintes joies qu'ils nous ont données dans leurs jours de lumière.

Au printemps dernier, j'ai pu voir un papillon sortant de sa chrysalide comme de l'étui d'un éventail. D'abord étourdi et comme ébloui par le grand jour, il se traîna gauchement sur le sol, étirant ses ailes gommeuses, agglutinées, collant au corps comme une robe de soie chiffonnée; mais le soleil eut bientôt fait de lui sécher les ailes, et, comme une flèche, il disparut dans un rayon du matin. Après son départ, l'intérieur de la chrysalide garda longtemps ses couleurs: bandes de pourpre, stries d'azur et points d'or.—En songeant à cette chrysalide et aux riches empreintes qu'y avait laissées le splendide pèlerin du ciel, je me souviens des coeurs où l'amour a passé.

On a comparé les hommes qui changent d'opinion à des girouettes qui tournent; ceux qui n'en changent pas, à des girouettes rouillées qui n'obéissent plus au vent. Nous voilà donc rangés dans une de ces deux catégories: nous sommes des pantins ou des ganaches; dure alternative.— Tous les changements sont fort honorables quand ils n'ont pas eu l'intérêt pour mobile. Mais qui le saura?

Au Théâtre-Italien, ne comprenant pas les paroles, j'écoute simplement la passion qui chante, et me laisse aller en pleine eau, sans contrainte, au courant du grand fleuve harmonique. A l'Opéra, c'est autre chose, je souffre presque toujours d'entendre notre belle langue française si cruellement martyrisée par un ténor pour l'émission facile de sa note à effet. Est-ce un jargon de Savoie ou d'Auvergne? Je pars désappointé, ne pouvant endurer plus longtemps un tel supplice de l'oreille.

L'oiseau qui n'a pas encore brisé la coquille de son oeuf peut-il se douter par avance des magnifiques paysages qu'il verra défiler dans son vol, lorsque, obéissant au libre gouvernail de ses ailes, il s'en ira tout en joie par le ciel, saluant au miroir des rivières la frémissante image des chênes et des hêtres dont les hautes cimes verdoient mêlées à des rougeurs d'aurore.—Pour l'inconnu d'une autre vie, nous sommes l'oiseau dans l'oeuf, hermétiquement clos: impossible de rien voir au travers. Mais nous avons des pressentiments, et plus nos pressentiments sont riches, plus notre intelligence est grande.

Un positiviste peut être un honnête homme, mais, assurément, il est affligé d'un cerveau étroit: il peut savoir beaucoup; avec la patience des taupes souterraines, il peut creuser, pour une certaine classe de curieux, de profondes galeries d'érudition, mais il n'invente rien. L'imagination lui manque, et le goût et le sens critique. Dans mes jours gris, j'ai eu le malheur d'en connaître quelques-uns: pas une lueur dans leur physionomie, pas une inflexion reposante dans leur timbre de voix.

Les grands prosateurs sont presque aussi rares que les grands poètes.

Mahomet et Napoléon I[super]e[/super]r, deux génies essentiellement pratiques, commencèrent par épouser des femmes très riches, toutes deux veuves et plus âgées qu'eux.

Pourquoi tant de veuves se remarient-elles, et si peu de veufs?

J'ai connu des gens polis comme des notaires, paraissant discrets comme des confesseurs, qui, dans le geste ou dans les mots, n'avaient rien de compromettant si on venait à parler d'une femme absente, mais leurs yeux s'éclairaient d'une lueur singulière et devenaient bavards comme des crieurs publics.

O sainte hypocrisie du coeur, sois mille fois bénie, comme la clef d'or ouvrant le paradis des songes! Sans toi les chemins fleuris où nous guide sûrement la main d'une femme courageuse ne seraient qu'une voie semée d'épines et de ronces: les mauvaises nouvelles écartées, les créanciers apaisés, les courants d'air étouffés dans les froids corridors, le gibier cuit à point, le café noir saisi dans son arôme, les pantoufles des petites habitudes chaudement fourrées de cygne, tous ces riens enchantés constituant la seconde moitié de la vie, à qui les devons-nous? Nous serions de grands ingrats de ne pas le reconnaître.

Les plus hautes cimes sont éclairées les premières par le soleil qui se lève et retiennent les dernières lueurs du soleil qui s'en va: images des peuples providentiels, à l'aube et au déclin de leurs destinées.

Les gens acclimatés dans la douleur sont dépaysés dans les joies. Que, par une rare fortune, une seule fois dans leur vie, ils aient le malheur d'être heureux, ils cèdent à la secousse; ils passent brusquement comme d'un rêve dans la mort, sans transition, avant d'avoir bien compris la prospérité qui les tue.

Quelques chirurgiens, qui m'ont tout l'air de mauvais plaisants, s'étonnent de ne pas trouver l'âme au bout de leur scalpel, en fouillant le cadavre: c'est la chercher quand elle est partie.

Les artistes, constamment préoccupés de l'expression du beau, vivent dans un monde à part, dans une haute région, leur vrai domaine, où, sans mot dire, d'un geste, d'un regard, les initiés se comprennent, comme dans une franc-maçonnerie tacite des intelligences.

Bien écouter, bien marcher, deux qualités rares ... chez les artistes dramatiques.

On sort toujours plus grand d'une promenade au Louvre. Quand on a pu saluer dans leurs oeuvres Léonard de Vinci, Rembrandt, Titien ou Raphaël, on a vécu quelques instants dans la famille des grands esprits. Au déclin du jour, on les quitte à regret, et, du fond des galeries, les divins maîtres vous accompagnent longuement de leurs regards placides et de leur indéfinissable sourire; et souvent la nuit heureuse est toute peuplée de beaux rêves, grâce à leur radieux souvenir.—Je sais une éminente artiste du Théâtre-Français qui, chaque semaine, fait pieusement au Louvre un pèlerinage de deux ou trois heures.

Les carpes aiment la boue, la truite les eaux limpides. Ainsi dans le monde moral: à chacun son élément, ce qui tue les uns fait vivre les autres.

Se trouver à l'aise dans la compagnie des hommes supérieurs indique une supériorité, et réciproquement: un être inférieur y sera gêné comme une oie fourvoyée parmi des cygnes.

L'homme, fils de la femme, est illogique, et souvent bien plus qu'elle.

Don Juan, c'est Chérubin grandi, l'adolescent fait homme, le rêve réalisé.... Il ne doit pas vieillir.

Si vous dépassez une petite moyenne de vertus, attendez-vous à être traités comme de grands criminels; exemples: Socrate, Jésus-Christ, Jeanne d'Arc.

Les grands poètes sont les plus clairs: une merveilleuse lucidité dans l'ordre des idées, la plus rigoureuse précision dans le choix des mots feront éternellement vivre Homère, Virgile et La Fontaine, que lisent les enfants et que se font relire les vieillards, à l'aurore des impressions, aux dernières lueurs de la pensée.

NOTES DE VOYAGE

A M. Alfred Didot

Directeur de La Chasse illustrée.

JERSEY

Si quelques détails relatifs à la faune ou la flore de Jersey vous paraissent de nature à intéresser quelques-uns de vos lecteurs, veuillez faire accueil à ces notes rapides, crayonnées au hasard de mes impressions quotidiennes. Vous n'y trouverez pas sans doute le caractère technique par lequel se distinguent certains spécialistes, explorateurs autorisés de la zone équatoriale ou des régions polaires, dont l'oiseau, la plante ou le poisson *inédit* se présentent hérissés d'un si formidable appareil d'arêtes, de plumes ou d'épines, qu'on renonce très volontiers à faire leur connaissance. Je ne vous donnerai que la vérité simple en propos quelque peu décousus.

Du lièvre, n'en cherchez pas dans l'île. J'en ai mangé pourtant, et de fort bon, à la *Pomme d'or*; mais assurément ce lièvre avait navigué, sans doute après décès, sur un des magnifiques steamers qui font le trajet régulier de Granville et Southampton. Un insulaire d'un âge vénérable m'a raconté n'avoir souvenir, dans sa longue existence, que d'un seul lièvre vivant aperçu un matin dans une éclaircie de luzerne. Le bruit s'en répandit comme une traînée de poudre, et ce jour-là, après la chasse à courre, le nombre des compétiteurs réclamant la bête fut si considérable qu'on dut en appeler au tribunal (ici la Cour se nomme *cohue*, détail entre parenthèses). On ne dit pas si le corps du délit fut attribué au tribunal, et si les juges furent aussi spirituels que ceux de La Fontaine, qui rendirent une décision si prompte afin de l'avaler fraîche (l'huître, s'entend). A Jersey, la chasse est nulle. Elle ouvre le 1[super]er[/super] octobre et ferme le 1[super]er[/super] février; mais en temps de neige les gamins et les braconniers parcourent la campagne, malgré les plus expresses prohibitions. Ce qui met un frein à leur esprit d'aventure, c'est la défense faite par les plus petits hobereaux de chasser sur leurs terres, sous peine de justice et de mort pour les chiens contrevenants. Depuis plusieurs années les imprimeurs de Saint-Hélier font de très bonnes affaires, eu égard aux nombreuses annonces interdisant la chasse, dans presque tous les journaux. Un propriétaire dénué de mansuétude dépense chaque année en frais d'impression plus d'argent que ne vaudrait tout le gibier de son île. Exceptons quelques lapins égarés çà et là dans les maigres garennes. Il y a quelques jours, le maire (connétable) d'une paroisse et quelques notables habitants furent condamnés à l'amende pour avoir tué deux ou trois lapins sur un terrain vague et de vaine pâture, qu'un personnage irascible de la même paroisse prétendait lui appartenir à titre féodal. Pas de vignes ni de champs de sarrasin pour remiser cailles et perdrix; on n'en trouve plus; on ignore à quelle époque elles ont disparu, et par une singularité curieuse, de mémoire d'amoureux, on n'a jamais entendu chanter le rossignol. Portbail et Carteret ne sont pourtant qu'à cinq ou six lieues, mais jamais le *nightingale* n'a jugé à propos de franchir la distance. Pourquoi? Mystère. Si on expliquait tout, la vie serait en prose. En revanche, j'ai prêté l'oreille à une fort belle grive, la grande musicienne qui, branchée dans les vieux ormeaux de Saint-Clément, se faisait entendre de fort loin, mêlant ses notes riches et puissantes aux mugissements des taureaux et génisses épars dans les gras pâturages, tandis que sur la côte le flot montant battait les roches déchiquetées qui font à cette région de l'île une ceinture de granit rouge et noir offrant l'aspect d'une grande ville incendiée enfouie dans un cataclysme sous-marin. Dans les jours calmes, quand les soleils tombants empourprent ciel et mer, il manque pourtant quelque chose à cette harmonie rustique et un peu sauvage des soirs: un son d'angélus à la voix lente et grave. Pas une seule des douze paroisses n'a le religieux bonheur de tinter la salutation de l'ange. Le culte de la Vierge n'est pas reconnu. La poésie du recueillement n'y trouve pas son compte. Chaque soir, en revanche, un coup de canon proclame militairement le coucher du soleil. A propos de la race bovine, je dois dire qu'elle s'est conservée sans mélange. Tout étranger à cornes faisant mine de reproducteur est abattu sur quai sans rémission. La race est restée aussi pure qu'au temps du roi Guillaume.

Des corbeaux et des pies à discrétion; peu de geais, de difficile approche, et quantité d'oiseaux de proie, sans compter leurs correspondants à *faciès* humain, rappelant, comme dans les *Travailleurs de la mer*, les coriaces navigateurs de contrebande qui, après avoir opéré un certain nombre d'années leur bonne petite traite des noirs, achèvent paisiblement leurs vieux jours avec de fine laine fourrée dans leurs sabots de patriarche. En général les hirondelles sont parties avant l'ouverture de la chasse, autrement on les fusille sans pitié sur le bord de la mer, sans aucun respect pour l'oiseau béni. Les amateurs s'en accommodent parce qu'elles sont grasses. Le coucou, qu'on appelle ici le héraut du printemps, arrive et déloge de bonne heure. Les tourterelles n'apparaissent qu'en mai et partent fin septembre. Depuis vingt ans on n'a guère vu que deux ou trois loriots rendre visite aux cerises. Parmi les oiseaux passant quelquefois l'hiver à Jersey, on peut compter le *mûrier*, becfigue au plumage de feu, à petite cravate blanchâtre, qui se perche toujours à la cime des buissons et d'une vaillance en amour à rendre des points à messieurs les pierrots et à mesdames les tourterelles.

En mettant le pied sur le continent, j'ai rencontré un armateur de Saint-Waast-la-Hougue, M. Edmond l'Évêque, grand disciple de saint Hubert. Pour le tir en bateau, j'en connais peu de sa force. Il m'a fait hommage d'un magnifique *grisard* tué dans la tempête, et, à ma rentrée dans notre bonne ville de Paris, j'ai fait *préparer* mon palmipède par M. Delesalle, de la rue Saint-Dominique, un artiste qui vous présente ses nombreux défunts, à ailes tendues ou repliées, dans les attitudes de la ruse, de la crainte ou de la colère, avec un tel respect de la vérité, qu'on se demande s'il n'aurait pas vécu lui-même dans la plume de ses nombreux sujets. Ceux qu'il expose dans son musée m'ont paru si vivants après décès, que s'ils venaient à renaître ils seraient, je crois, surpris et charmés de leur toilette définitive, spécimen vraiment pittoresque de leur bonne grâce ou de leur farouche aspect.

LE LORIOT

En revenant du monde où vivent les oiseaux, j'aurais bien des choses à vous dire, ne suivrais-je que le fil de mes souvenirs; mais il faut se borner. Nous ne parlerons aujourd'hui ni du cincle plongeur, enveloppé de bulles d'air, qui, sans trébucher, marche au fond des rivières comme un oiseau filigrane d'argent; ni du martin-pêcheur, ce pauvre philosophe vêtu de si fastueux habits, restant de longues heures au bout des branches mortes, en quête d'une proie trop souvent imaginaire; ni du pic de nos grandes forêts, cet étrange et farouche oiseau vert, à calotte de pourpre, auscultant les vieux arbres, dont la coutume, par un bizarre contraste, est de rire dans la pluie et de se lamenter quand le ciel est bleu (plus tard je vous dirai pourquoi); autrefois il était religieusement consulté des augures. Aujourd'hui, si vous le permettez, je vous dirai simplement quelques mots sur un bel étranger qui, tous les ans, dans la saison des fleurs, nous vient d'Espagne ou d'Italie. Vous avez bien souvent entendu sa voix, sans avoir aperçu le chanteur, car il est d'un accès difficile; vous l'avez à peine entrevu quand il passait d'un arbre à l'autre dans les hautes branches, en vous jetant dans les yeux sa magnifique lueur jaune; mais, dans la durée d'un éclair, l'oiseau n'a pu se fixer dans vos souvenirs.

Ses ailes revêtent, de leur mantelet noir, une robe toute jaune, mais réellement d'un jaune superbe. Ce n'est pas le jaune des canaris, ni le jaune des hoche-queues printaniers, qui, entre parenthèses, cheminent avec tant de grâce sur les herbes flottantes de nos cours d'eau; ce n'est pas non plus le jaune des populages, ni le jaune des lysimachies; ni le jaune des iris, ni le jaune des villarsies: car la nature est d'une richesse inépuisable dans la répartition de ses jaunes. Serait-ce donc la fleur de genêt ou la fleur d'ajonc qui s'en rapprochent? A moins que l'oenothère ou le papillon soufré? Pas encore. J'ai cueilli dans les marais de La Vergne, en Saintonge, une haute plante à tige uniflore, la grande douve (*ranunculus lingua*), sans pédantisme; sa fleur est d'un jaune loriot. J'avais peut-être oublié de vous nommer l'oiseau.

De la grosseur du merle et de la grive, ce grand mangeur de cerises présente de singulières particularités: l'iris de son oeil est rouge comme un reflet de ces beaux fruits vermeils: c'est un vrai miroir à cerises; et ses oeufs, blancs comme ceux des piverts et des martins-pêcheurs (n'en déplaise à M. de Buffon), sont en outre jaspés de pourpre noir comme si on leur avait insufflé le jus des guignes. Certes, voilà des couleurs harmoniques.

Le loriot niche de préférence sur les hauteurs des bois, comme le ramier, dans ces régions lumineuses qu'empourprent les premières lueurs d'aurore, et que réchauffent encore les adieux des soleils couchants. Son nid, à la fourche des branches, est une merveille de confort et de solidité: feutré à l'intérieur de peluches de chardon, douces comme plumes de marabout, il offre une couche des plus douillettes aux futurs héritiers du chanteur; extérieurement, il est suspendu à la fourche des branches comme un petit hamac oscillant, par des lianes ou des lanières de bouleau ou de cerisier; grâce à cet ingénieux système d'équilibre, quand les grands vents font rage dans les hautes futaies et versent parfois les oeufs des autres nids, le nid du loriot ressent à peine une petite secousse, un semblant de houle, qui berce en paix les conjoints ou les nouveau-nés.

Il me reste à caractériser sa voix, dont j'ai parlé d'abord; elle n'a qu'un couplet, un couplet de cinq notes, mais modulées avec tant de fraîcheur et de suavité qu'on se demande: «Est-ce une ritournelle de flûte magique ou un clair gazouillis de source lointaine?» Le sucre des cerises contribue sans doute un peu à cette éternelle fraîcheur du gosier et le ferment de ces fruits entretient sa joyeuse humeur. La phrase musicale du loriot a sa valeur intrinsèque absolue, entendue séparément; mais dans les grands concerts du printemps, sous les bois, écoutez-la: sur la basse profonde des ramiers, le verbe guttural des grives, les deux notes du coucou (qui vont jusqu'à trois quand il est ému), les appels de la huppe, à brèves intermittences isochrones, répétant neuf ou dix fois la première syllabe de son nom, sur toutes ces voix la ritournelle du loriot se détache en or pur. Peu d'oiseaux des tropiques ou de l'équateur, sans omettre les paille-en-queue et les paradisiers, peuvent se comparer à notre loriot d'Europe. L'heureux pèlerin, laissant passer les bourrasques de mars et d'avril, nous arrive dans les fleurs de mai, et s'en va bien avant la fin des beaux jours, après la cueillette des fruits, par les ciels lumineux d'octobre, vers l'été de la Saint-Martin. Bon voyage à l'ami de nos cerisiers, et qu'il revienne tous les ans se cantonner dans nos bois!

Après tout, la question des dégâts ne doit pas entrer en ligne de compte: un gamin qui monte à l'arbre en met plus sous la dent ou dans sa poche, en un seul jour, que l'oiseau charmant dans toute la saison.

NIDS D'OISEAUX

LES TISSERINS

Nids d'oiseaux.... Je me prends à rêver chaque fois qu'un hasard béni me remet sous les yeux un de ces petits chefs-d'oeuvre dus à tant d'artistes charmants, qui, non satisfaits de nous éblouir par la richesse de leur toilette, ou de nous enchanter par la fraîcheur de leur voix, deviennent si merveilleusement pratiques pour les besoins de la vie réelle, et se font ingénieurs, architectes, maçons, tisserands, etc., pour les premières exigences de la famille. Je proteste, indigné, contre l'injurieuse qualification d'instinct que daigne leur accorder du bout des lèvres l'être si peu remplumé qui s'attribue fastueusement le nom d'homme. C'est bel et bien de l'intelligence qui les caractérise, et de l'intelligence du meilleur rayon; non de l'intelligence verbeuse comme celle des avocats, mais de l'intelligence appliquée sans bruit à des oeuvres de dévouement et d'amour, auxquelles le coeur ne reste jamais étranger; servant au domicile futur, à l'éclosion, à la nourriture de ceux qu'on attend comme de petits messies dans la chaude lumière des soleils printaniers. Quant aux vêtements, la nature s'en charge, et nos plus grands couturiers de la rue de la Paix, ou d'ailleurs, n'habilleront jamais leurs clients comme l'un d'eux.

Et ne croyons pas qu'il suffit de naître pour devenir un artiste dans la sérieuse acception du mot; l'oiseau de trois ou quatre ans en sait toujours beaucoup plus que les petits jeunes. L'observation, la réflexion, la comparaison, la logique des pensées, l'expérience, en un mot, viennent en aide à son esprit naturel, et l'oiseau travaille de mieux en mieux en prenant des années; de même qu'un rossignol un peu mûr, de cinq ou six ans, par exemple, déjà ténor *del primo cartello*, rendra toujours des points aux débutants pour les notes d'attaque et les tours de gosier.

Quand donc posséderons-nous un traité technique et un peu étendu sur cette grave question des nids et des oeufs, nous expliquant l'infinie variété des formes pour les uns, pour les autres la riche variété des colorations? Un ouvrage analogue à ceux de l'Américain Audubon, pour les oiseaux! Mais ils deviennent rares, ces maîtres observateurs consacrant leur vie tout entière, et la risquant à chaque heure pour étudier *de visu*, dans leurs plus intimes manifestations, les libres sujets qu'ils tiennent à connaître; affrontant comme les sauvages, dans un canot d'écorce, le courant des grands fleuves, grimpant comme des chèvres à des rocs inaccessibles, rampant comme des couleuvres sous d'inextricables broussailles, s'aventurant de plain-pied sur le fond mouvant des marécages, sans souci des fondrières, des reptiles ou des fièvres; et tout cet obscur héroïsme pour enrichir de quelques observations inédites le grand écrin de la science; ce dont peut-être jamais ne les remerciera le vulgaire troupeau des hommes. Mais peu importe à qui travaille avec amour!

En attendant, bornons-nous à fournir quelques indications brèves à nos lecteurs en prenant pour exemple les diverses manières de procéder de nos oiseaux d'Europe, très souvent moins splendides de plumage que leurs frères des pays chauds, mais si industrieux sous notre ciel gris du Nord pour abriter des grands vents et des pluies leur couvée et leurs joies de famille.

Les nids diffèrent non-seulement d'après la manière de vivre et les habitudes de l'oiseau, mais encore d'après les ciels, les eaux, les terrains, la nature des végétations; le maçonnage agglutiné des hirondelles sous les poutres de nos granges ne ressemble pas aux bûchettes entre-croisées du ramier dans les chênes; le trou rond des piverts, creusé à coups de bec dans un fût de hêtre avec la précision du compas, n'a guère de rapports avec le hamac du loriot ou la conque régulière si bien capitonnée des pinsons ou des chardonnerets; les nids en boule de la mésange à queue longue, dans les hautes et fines brindilles qui ondulent au vent, sont ceux qui se rapprochent le plus, par leur forme, des nids curieux qui nous occupent aujourd'hui. De loin, ils offrent l'aspect du bédégar des rosiers. C'est la chambre nuptiale du tisserin: *textor*, tisserand, tisseur, *tisserin*, l'oreille s'accommode également bien de tous ces vocables. Le nid est en sphère, en pomme, en boule, comme vous voudrez. On sort, on entre par en bas; l'ouverture est à l'abri des pluies. Les nids sont quelquefois par centaines sur le même arbre, assujettis aux longues branches flexibles et menues qui, loin de tout danger, les bercent sur les eaux. Essayez d'en atteindre les oeufs, fouines, singes ou serpents!

LE MOULIN DES PRÉS

A Madame André Theuriet

Affectueux hommage du Conteur.

A. L.

PREMIÈRE PARTIE

I

Il est des gens qui regardent sans voir, il en est d'autres qui voient sans regarder. Dans le monde du commerce et de l'industrie, ceux-là font surtout leurs affaires.

A ce titre on citait journellement Guillaume Desmarennes, le père Guillaume, comme on disait familièrement dans une petite ville de Saintonge, assise au bord de la Charente, que nous nommerons simplement la ville, pour ne pas éveiller de susceptibilités locales.

A six kilomètres de la ville, le hameau de Saint-Christophe étage coquettement ses maisons à tuiles rouges tout au fond d'une herbeuse vallée, où le sifflet des locomotives n'a pas encore troublé le chant des coqs et le mugissement des boeufs.

Un cours d'eau rapide, affluent de la Charente, y fait vaillamment tourner le moulin à six paires de meules du père Guillaume, dit le Moulin-des-Prés, dans une fraîche presqu'île à la fourche des eaux.

L'heureux propriétaire, outre les bénéfices de sa meunerie, fournit comme bouilleur de cru les principales maisons de Cognac, ce qui constitue le plus clair de ses revenus.

C'est un homme tout rond que le père Guillaume. Il pouvait très bien écrire son nom de famille en deux mots (des Marennes) d'après les chartes du pays; mais, sans faire précisément fi de sa petite noblesse, il n'y tient pas absolument, et signe Desmarennes tout court, trouvant que ses affaires n'en vont pas plus mal et que sa vanité n'en souffre pas trop. Sa femme et sa fille ont bien à cet égard hasardé quelques timides observations, mais ont dû céder à la volonté souveraine du maître de la maison.

C'est un lundi, jour de marché, que Guillaume Desmarennes est venu comme d'habitude à la ville.

Il a touché l'argent de ses boulangers, consulté Stanislas Corbin, le vétérinaire, pour un de ses chevaux de labour; il a fait une station dans l'étude de Faustin Verdier, son notaire, pour lui solder ses honoraires et lui remettre en même temps le prix d'une vigne et d'un champ de luzerne dont il s'est arrondi à Saint-Hilaire-de-Villefranche; il s'est arrêté chez Adrien Merlerault, pharmacien de première classe, pour acheter du baume tranquille à un de ses garçons de moulin qui s'est luxé l'épaule. A la nuit tombante, il croit en avoir fini, mais se frappe brusquement le front:

—Et mon avocat que j'allais oublier!

Maître Eugène Guérineau, du barreau de la ville, est encore dans son cabinet quand s'y présente Desmarennes.

—Compliments et remerciements pour vos bons conseils de légiste dans notre dernière affaire, lui dit le père Guillaume en lui tendant la main. Aujourd'hui je viens pour autre chose. Ma famille et quelques amis se réunissent samedi prochain pour fêter la Saint-Christophe. J'espère bien que vous serez des nôtres.

—Avec le plus grand plaisir, assurément, si j'étais seul; mais depuis deux jours j'ai pour hôte un ancien camarade de collège.

—Qui donc?

—Un officier de marine en congé de convalescence, Georges Paulet, retour du Sénégal.

—Un fils de Paulet, l'expéditeur de Bordeaux?

—Justement.

—Qui vous empêche de l'amener? Venez ensemble. Il nous contera ses voyages: je vous enverrai prendre en voiture.

—Inutile. Nous irons à pied jusqu'à Saint-Christophe. C'est une promenade.

—Comme vous voudrez. Je vous attends tous deux.

Aussitôt Desmarennes parti, Georges Paulet, qui s'était effacé discrètement, vint se rasseoir en roulant une cigarette près de maître Guérineau, qui lui transmit l'invitation.

—Singulier homme que ce Desmarennes, ajouta l'avocat. Figure-toi que c'est le meilleur de mes clients, celui qui me paye le mieux et me fait le moins parler.

—Explique-toi.

—Tu connais le proverbe: «Qui terre a, guerre a»; c'est surtout au bord des rivières que le proverbe a raison. Assis au bord de l'eau vous croyez pouvoir tranquillement faire tourner la grande roue de votre moulin. Erreur. Le meunier d'amont vous guette, et le meunier d'aval vous épie: tous deux trouvent que vous abusez de la rivière. Établi sur le même affluent de la Charente, avec tout un système de barrages, de vannes et d'écluses, le meunier d'amont, qui a besoin d'eau, en tire le plus qu'il peut par anticipation, tandis que le meunier d'aval trouve à redire à l'irrigation de vos prés.

«De là, procès à n'en plus finir; je ne m'en plains pas, nous en vivons; mais où Desmarennes devient superbe, c'est quand, après avoir constitué avoué et m'avoir pris pour avocat, il m'interdit la parole pour plaider lui-même. Chaque fois, je me lève simplement pour dire: «Plaise au tribunal entendre les explications de mon client.»

Jusqu'à présent il a gagné toutes mes causes; ce qui fait singulièrement allonger la mine à mes confrères de la partie adverse, qui en sont généralement pour leurs frais d'éloquence. S'il n'était meunier, Guillaume Desmarennes eût fait un excellent avocat.

—Meunier, bouilleur de cru, grand propriétaire terrien.... Quel cumul! ajouta Paulet en souriant.

—Il voit tout et ne s'embarrasse de rien, continua Guérineau; pas plus gêné dans la vie que dans ses vêtements. Tu verras comme il est habillé: une grande veste à pans carrés qui n'est pas un habit, et qui, sans être une jaquette, n'est pas non plus une redingote. C'est d'une coupe personnelle, la coupe Desmarennes, dit-on dans le pays, avec de vastes poches, extérieures et internes, pour enfouir ses nombreux échantillons de grains et eaux-de-vie; tout un assortiment de fins sachets et de petites fioles à garnir une vitrine d'exposant;—un chapeau à larges bords, toujours de même forme, pour bien abriter sa grosse tête à cheveux drus et grisonnants;—enfin, de bons souliers carrés, où les pieds se meuvent à l'aise quand ils ont à quitter leurs sabots.

—Et la propriété de Saint-Christophe est vraiment belle?

—Belle et d'un très bon rapport; tu la verras samedi. Tu pourras en juger par toi-même.

II

Au jour convenu, les invités de Guillaume Desmarennes, au lieu de se rendre à l'heure précise du dîner pour se mettre à table, vinrent à Saint-Christophe, suivant l'habitude du pays, vers le milieu de la journée.

Il n'était pas quatre heures à la montre de Guérineau, quand lui et son camarade, à un brusque détour de la route, aperçurent la rivière, entendirent le tic-tac du moulin et hâtèrent le pas en souriant d'aise à la fraîcheur de l'eau mêlée d'une bonne odeur de froment, tandis qu'une flottille de canards s'ébattait bruyamment dans les remous à l'ombre des peupliers frissonnants.

Debout sur le parapet de son premier pont, Desmarennes les reconnut du coin de l'oeil, mais ne bougea pas: il avait déjà ramené sur l'épaule un pan de son épervier, avec un des plombs entre ses dents, et guettait sur le fond clair des eaux une honnête friture de goujons. Dès qu'il jugea la prise raisonnable, il jeta l'épervier qui s'arrondit avec une précision merveilleuse en tombant, puis il ramena lentement sur le bord son lourd filet, tout grouillant de sa proie frétillante.

—Pardonnez-moi, messieurs, dit-il aux arrivants; je pêchais pour vous. Si vous le voulez bien, je vais vous présenter d'abord à la maîtresse de la maison, puis nous ferons un tour de promenade pour montrer Saint-Christophe à M. Paulet, que je remercie d'avoir accepté mon invitation.

Il avait très bel air, Georges Paulet, en petite tenue, la tunique flottante à poitrine ouverte et sa casquette marine à galons d'or, les joues amaigries par la fièvre des pays chauds et encore un peu bronzées par le feu des soleils étrangers.

Quand on entra, précédé de Guillaume Desmarennes, personne au grand salon.

—Où donc est Mme Desmarennes? demanda le père Guillaume à une fillette qui venait de traire ses vaches.

—Dans le fournil, avec mademoiselle.

—Allons au fournil! dit joyeusement Desmarennes.

En effet, la mère et la fille s'y trouvaient, toutes deux gravement occupées, mais à des travaux différents.

Mme Desmarennes, grande et belle brune, un peu forte, bien en deçà de la quarantaine, et Mlle Thérèse, mince fillette châtain clair de vingt ans à peine, svelte, fine et d'apparence nerveuse et volontaire.

Toutes deux, les manches retroussées bien au delà des coudes, laissaient voir sans hypocrisie leurs bras nus à petites veines bleues, et, affublées de grands tabliers tombant comme des chasubles, semblaient officier religieusement.

L'une, la mère, pétrissait en pleine pâte un gâteau fin comme ceux de Peau-d'Ane et tout un nuage de poudre blanche enfarinait les fossettes de ses joues.

L'autre, sa fille, armée d'une longue cuiller à manche, près d'une bassine de cuivre miroitant comme une sébile d'or, remplissait de jus de groseille et de framboise toute une rangée de pots de confiture, alignés comme des livres de bibliothèque, sur une planchette à hauteur d'appui, toute à son oeuvre avec un grand sérieux et des moustaches de framboises aux coins des lèvres.

Toutes deux, surprises en flagrant délit dans l'accomplissement de leur sacerdoce, éclatèrent d'un franc rire, et sans fausse honte, après une affable révérence aux visiteurs, Mme Desmarennes ajouta:

—Nous en avons encore au moins pour deux heures. Donc, à ce soir, messieurs, et bonne promenade.

Et les deux ménagères continuèrent gravement leur travail, en vraies fermières qu'elles étaient, comme deux fées de nos anciens contes.

Juste en face du principal corps de logis, haut de trois étages à six fenêtres, une immense prairie déroulait son ruban vert entre deux rangs de peupliers quasi parallèles, et qui s'en allaient si loin qu'ils semblaient se rejoindre.

Et, comme des points roux et blancs qui se mouvaient dans l'herbe, des boeufs et des juments libres, épars où bon leur semblait, y pâturaient à l'aise et à perte de vue.

Heureux de la surprise des visiteurs, immobiles et plantés droit devant sa prairie:

—Nous la verrons plus tard avec ses tranchées d'arrosement, fit Desmarennes; mais nous avons d'abord à inspecter les étables, les écuries, les chais, le parc, le jardin haut et le jardin bas. Par où, messieurs, préférez-vous commencer?

—Par les jardins, répondirent spontanément les deux amis, auxquels vinrent bientôt s'adjoindre le docteur Laborde et quelques parents et amis de la famille.

Dans le jardin haut, le jardin fruitier, Desmarennes leur fit voir avec orgueil de magnifiques pêchers en éventail à une belle exposition du midi; les grosses quenouilles de ses poiriers, qu'il ne taillait jamais à mort, sous prétexte de leur trop faire rendre; poires d'automne et poires d'hiver, beurrés gris, beurrés d'Arenberg et Saint-Germain; plus une avenue de rosiers en pleine floraison, ménagée pour Mlle Desmarennes.

Au jardin bas, le vrai potager des zones tempérées, il eut des explications techniques sur le carré des asperges, le coin des artichauts, le département des navets et des rutabagas, et sur la fraîche terre molle et un peu noirâtre où se prélassaient les fraisiers et les cantaloups à côtes brodées;—on apercevait dans cette région de longues tuiles retournées, pour isoler les fruits mûrissants d'un contact parfois trop humide.

En bordure, dans la partie la plus basse et la plus ombreuse du jardin, on avait réservé pour Mlle Desmarennes, sous un couvert de vieux frênes, une allée dite l'avenue des Pervenches, où tous les ans nichaient des rossignols.

Dans toutes les parties de son exploitation, le père gardait une pensée pour sa fille.

On parcourut ensuite le grand parc avec ses nappes d'eau vive jouxtant la rivière et se terminant à un coquet pavillon où, les matins de chasse, on faisait en hâte un déjeuner de garçons.

Georges paraissait prendre un très vif intérêt à toutes les explications détaillées que Desmarennes donnait à son auditoire, tantôt stationnaire, tantôt en petite marche; il paraissait heureux d'écouter. Tout lui semblait neuf, tout lui semblait charmant. Quand on a longtemps navigué, lorsqu'on est resté des jours et des mois loin des côtes, simplement entre mer et ciel, et qu'on revoit son pays, surtout dans ces recoins frais et perdus de la Saintonge, on a le coeur envahi par une sensation de bien-être paisible indéfinissable, dont ne se douteront jamais ceux qui n'ont pas quitté des yeux l'honnête aiguille de leur clocher.

Le sourd mugissement des boeufs, la claire fanfare des coqs, le hennissement fier d'un cheval qui passe en reconnaissant dans la prée la mère de son poulain; des émanations confuses de troëne et d'églantier, mêlées au frais parfum des menthes qui vous embaument quand par mégarde on les écrase en marchant, tout contribuait à maintenir Georges Paulet dans une disposition d'esprit des plus heureuses, lorsqu'on rentra pour le dîner.

En ménagères bien apprises qui savent le prix du temps, Mme Desmarennes et sa fille avaient passé leur robe de soirée quelques minutes avant sept heures, et tout le personnel féminin se trouvait sous les armes dans le salon d'attente à la rentrée des promeneurs.

Entre temps, Mr Eugène Guérineau avait discrètement glissé dans l'oreille de son camarade l'indication suivante:

—Dans cette bienheureuse maison tout hospitalière, quand on dîne, on ne parle jamais de politique, la politique étant ce qui nous divise le plus; jamais de religion, les questions religieuses étant ce qui nous rapproche le moins.

Quand on annonça: «Madame est servie», la maîtresse de la maison prit le bras de l'avocat, Georges Paulet offrit le sien à Mlle Thérèse, et les deux amis se trouvèrent presque en face l'un de l'autre, à une table où il n'y avait guère qu'une vingtaine de couverts pour les parents et amis de la famille.

Comme tous les convives avaient bel appétit et se disposaient à faire honneur au dîner, le bruit des cuillers sur les assiettes ne fut pas interrompu dans son premier roulement; mais, le potage enlevé et les petits verres de vin blanc versés, les langues commencèrent à se délier.

—Reconnaissez-vous ce vin-là, docteur? fit Desmarennes de sa bonne voix joyeuse.

Le docteur prit une seconde gorgée et fronça le sourcil rêveusement.

—Dame! vous m'embarrassez quelque peu.... Limpide comme l'ambre jaune et mousseux comme l'ai: pourtant ce n'est pas du champagne.

—Mieux que du Champagne et de notre pays encore ... entre Saint-Palais-sur-Mer et Saujon ... le plant de Médis, belle vigne qui se prélasse aux vents salins de la Gironde. Qu'en dites-vous?

A table, l'avocat fut spirituel et pas trop verbeux, le docteur, rasé de frais et cravaté de blanc sous menton bleu, ne prononça qu'une seule fois le mot *idiosyncrasie*, et le rentra vite; les gros propriétaires et bouilleurs de cru parlèrent entre eux et à mi-voix des mercuriales, du prix des vins, de la qualité des dernières eaux-de-vie; mais toute la table fut prise d'un accès de franche hilarité quand, à propos d'un récent procès, maître Guérineau dit à brûle-pourpoint à Desmarennes:

—Savez-vous que, si tous mes clients n'abusaient pas plus que vous de mes paroles, la profession d'avocat serait des plus heureuses et des moins fatigantes? Au tribunal, vous m'imposez silence; vous me prenez comme défenseur pour ne rien dire, tandis que tant d'autres prétendent que leur avocat n'en dit jamais assez.

—Pardon! vous oubliez un point capital, répondit courtoisement Desmarennes: vos excellents conseils et votre science approfondie du Code, civil et forestier, m'éclairent dans les questions les plus ardues, et me donnent toujours l'aplomb nécessaire au gain de notre cause; et d'ailleurs, vous ne manquez pas d'autres belles occasions où vous parlez d'or à l'oreille du tribunal.

Maître Guérineau n'avait qu'à s'incliner.

Mlle Desmarennes, assise à gauche de Georges Paulet, s'aperçut vite qu'elle avait près d'elle un garçon très bien élevé, discret, d'une réserve rare et de la plus exquise urbanité, écoutant toujours avec déférence et évitant de se mettre en relief.

Dans le gros tumulte industriel et commercial de notre époque, où la fièvre des affaires nous emporte convulsivement, on parle, on correspond à la hâte, presque brutalement, en style écourté de télégramme ou de téléphone; à peine a-t-on le temps de réfléchir, encore moins d'écrire ou de causer.

De nos jours, il semble que la vraie politesse française, exilée du continent, se soit réfugiée à bord des navires. Aussi nos officiers de marine sont-ils particulièrement appréciés par les femmes dignes du vrai nom de femmes. Elles comprennent ce qu'il faut d'intelligence, de discrétion, de courage et de sang-froid pour commander à des hommes souvent rudes, isolés du reste du monde, aigris par une longue absence, et groupés sur un petit espace mobile, comme le pont d'un vaisseau qui flotte entre mer et ciel, deux solitudes. Là, assurément, il est plus difficile de se faire obéir que dans une cour de caserne ou sous les arceaux d'un couvent. Peu de gestes, pas de phrases, tout dans l'attitude et dans l'oeil, comme chez un dompteur pour maîtriser ses fauves.

Sous une apparence presque chétive et un peu grêle au premier abord, Georges Paulet cachait une énergie peu commune, qui se révélait aux heures graves du commandement.

Mlle Desmarennes, fille unique un peu gâtée, petite personne mince, élégante, autoritaire, comprit qu'elle avait affaire à plus fort qu'elle, à un être supérieur comme intelligence, comme volonté, ce qui fut loin de lui déplaire; un imperceptible sourire effleura ses lèvres, et sans vouloir paraître trop curieuse elle adressa cependant au jeune homme quelques questions brèves, auxquelles il sut parfaitement répondre, en paraissant toujours oublieux de lui-même et surtout se préoccupant d'elle.

Ceux qui reviennent des pays lointains, ne serait-ce qu'en souvenir des régions parcourues, ont presque tous dans leur langage quelque chose de pittoresque et d'inattendu qui ne ressemble guère aux paroles banales qu'on échange communément dans les salons; et d'ailleurs leur vie d'aventure répand sur eux un charme qui tient du rêve. Georges Paulet parla de l'Océanie, du Cap, du Sénégal, d'où il avait rapporté ces mauvaises fièvres dont il avait encore quelques accès intermittents, et il sembla à Mlle Desmarennes que personne jusqu'à présent ne lui avait parlé de cette voix magique. C'était comme un monde nouveau qui s'ouvrait pour elle.

Elle était en robe d'un bleu pâle, au corsage à peine échancré, et ses fins cheveux châtain clair encadraient une oreille diaphane adorablement chantournée. Une perle était enchâssée dans son petit lobe rose.

Comme très heureux contraste, la mère, habillée de faille grise, avait d'opulents cheveux noirs relevés en torsades sur un cou vraiment superbe, laissant librement voir les belles courbes de ses lignes et ses chaudes carnations brunes.

En oubliant les âges, on eût dit que la mère était la soeur aînée de sa fille.

Desmarennes, par intervalles, ne pouvait se défendre de les contempler toutes deux, comme à la dérobée, dans la secrète joie de son coeur.

Georges Paulet, tout en causant avec Mlle Thérèse (plus elle interrogeait, mieux il répondait), Georges se penchait involontairement pour la bien voir, non avec des yeux de froid observateur sceptique, cherchant à vous analyser, mais simplement avec les yeux d'un admirateur sincère, à la fois respectueux et charmé, des yeux qui semblaient clairement dire: «Bien que j'aie couru le globe, tout en battant l'estrade par les nombreux sentiers de la vie, c'est la première fois que je rencontre sur ma route une jeune femme à laquelle personne n'a jamais ressemblé.»

Quand on se leva de table pour revenir au grand salon, ce fut en souriant que Mlle Thérèse prit le bras de Georges, en le remerciant du regard. Cette fois, le marin oublia d'allumer une cigarette, et laissant la majorité des fumeurs s'éparpiller où bon leur semblait, soit sur la vérandah, soit à la salle de billard, il resta résolument avec le groupe, ou, pour mieux dire, avec la corbeille fleurie des femmes, heureuses de leurs toilettes riantes, en compagnie du notaire et de Mme Verdier, du docteur Laborde et de sa fille, et de quelques autres ne tenant pas absolument à s'envelopper de fumée.

On put organiser une petite sauterie. Mme Verdier, pour ne pas trop fatiguer ce soir-là l'ancienne institutrice de la maison, se mit obligeamment au piano. On dansa deux quadrilles où Verdier figura en homme du monde bien appris, et, aux premiers accords d'une valse à la mode:

—Allons, dit gaiement l'avocat à Georges Paulet en lui touchant l'épaule, montre-nous que sur le parquet glissant d'un salon tu gardes ton pied marin comme sur le pont d'un navire.

Georges ne se le fit pas dire deux fois. Il invita Mlle Thérèse, et tous deux, d'un pas bien rythmé, sans raideur et sans pose, se mirent à tourner, se laissant aller au mouvement berceur d'une valse rêveuse, mais bien cadencée, comme deux êtres charmants, créés l'un pour l'autre, et qui se reconnaissent en se voyant pour la première fois.

Comme il était plus grand qu'elle, il dominait de tous ses yeux son adorable tête de jeune fille, et parfois, dans un mouvement de valse plus rapide, les cheveux châtain clair, lui frôlant la poitrine, activaient les battements de son coeur;—tandis qu'elle, vive, souple, heureuse, aérienne, obéissant au bras de son danseur, valsait en baissant les paupières:—leurs grands cils voilaient la fièvre de son regard.

III

Vers une heure du matin, tous les invités s'en allaient, qui en tilbury, qui en cabriolet, qui en panier, qui en break, qui en charrette anglaise.

Mme Desmarennes voulut faire atteler pour reconduire Georges Paulet et maître Guérineau, mais tous deux refusèrent d'être ramenés en voiture, préférant se rendre à pied, comme ils étaient venus, un splendide quartier de lune éclairant la route.

Quant à Desmarennes, comme d'habitude, à neuf heures précises, sans mot dire, il avait lâché tout son monde, devant être levé tous les jours avant quatre heures pour empêcher ses garçons de moulin de faire grasse matinée.

Donc les deux amis s'en revenaient à pied vers la ville, tout en devisant de leur soirée.

—Comment, dit Paulet, ne m'avais-tu pas prévenu que Desmarennes avait une si charmante fille?

—Pour t'en laisser la surprise. Tu ne m'en veux pas, j'espère?

—Certes, non; mais si tu m'en avais informé je me serais présenté autrement, en toilette moins négligée. Ah! mon ami, quelle merveilleuse petite créature! Elle m'a troublé le coeur et le cerveau, je reste encore sous le charme. J'en suis fou ... je la veux.

—Pour ma part, je ne demande pas mieux, tu dois bien le penser. Il s'agit simplement de savoir si ton rêve est réalisable.

—Pourquoi pas?

—Pourquoi?... Pourquoi?... Voilà bien les aventureux.... Mais, à en juger par les nombreux prétendants éconduits, à ma connaissance, je te conseille de réfléchir.... Mlle Thérèse est fille unique et gouverne la maison ... Sans avoir une fortune princière comparable à celles des plus gros négociants de Cognac, la fortune présente du père Guillaume est évaluée au moins à deux millions; d'autre part, et signe particulier tout à son honneur, Mlle Thérèse ne tient pas du tout à l'argent; elle appartiendra tout simplement à qui saura lui plaire, n'apporterait-il au contrat que sa jeunesse, son intelligence et son coeur.

—Et jusqu'à présent personne ... dit vivement Paulet....

—N'a rempli les conditions du programme, répliqua Guérineau. Les nombreux prétendants se sont trop pressés. Ils ont vite montré la grosse corde de leur vulgaire ambition. Elle a très bien compris qu'on flairait sa dot de plusieurs points de l'arrondissement et même du département. Elle s'est méfiée, se tient sur ses gardes et a bien raison.

—Assurément, dit Georges. Certes, ce n'est pas moi qui la blâmerai.

—Voyons, fit sentencieusement l'avocat, sans vouloir entrer dans trop de détails, récapitulons un peu, dans le nombre des soupirants ou des aspirants, comme tu voudras les nommer, pour nous rendre compte de la situation.

D'abord trois ingénieurs, dont un hydrographe; l'autre, des constructions navales; le troisième, des ponts et chaussées, précisément un de ceux qui ont le plus travaillé à ce fameux épi d'enrochement établi à la pointe de Grave, contre l'assaut des marées. Celui-là du moins a pu se convaincre qu'il est plus facile d'endiguer l'Océan qu'une volonté de petite demoiselle.

—Pas de plaisanteries! fit gravement Georges Paulet.

—Je continue donc sans commentaires. Plus tard un jeune papillon de substitut, orné de lunettes bleues (sans doute pour tamiser le feu de son regard), s'est présenté correctement ... pour être éconduit comme les autres, et, faisant volte-face, a demandé son changement au garde des sceaux.

Ajoutons à notre liste deux sous-préfets aux pantalons officiels à grandes lames d'argent;

Item, un conseiller de préfecture;

Item, un inspecteur des forêts, vêtu d'un vert sombre, comme un pivert de nos vieilles futaies.

Nous en avons vu de toutes les couleurs.

Ah! j'allais oublier un personnage des plus considérables, un préfet maritime de la région de l'Ouest, dont la juridiction s'étend depuis Nantes jusqu'aux frontières d'Espagne, où les eaux-de-vie de Hendaye essayent de nous faire une petite concurrence.

Mais je m'arrête dans ma nomenclature, car je n'en finirais pas. Eh bien! tous ces gens-là, venus chez Desmarennes à titre d'invités, se métamorphosaient tous en prétendants. Ils ont été bien reçus, choyés, fêtés, nourris comme des princes de toutes les primeurs, quelques-uns même couchés par les gros temps; puis, en fin de compte, ils sont partis à tour de rôle, battus et riant jaune, en étant pour leurs frais de voyage, de toilette et de bouche en coeur.

—Et comment, dit Paulet, a-t-on pu savoir que tous ces messieurs prétendaient....

—A la longue, tout se sait, tout se dit et même tout se paye, pour compléter le proverbe.

—Ah! mon ami, tu me navres! répondit tristement Georges. Dans ces conditions désastreuses, comment puis-je oser? Ma pauvre espérance est bien morte sur pied.

—Dame, répliqua l'avocat en baissant le ton, il faudrait lui plaire, à elle d'abord. Le père et la mère, naturellement, ne viennent qu'ensuite. Ils feront ce qu'elle voudra ... Voyons.... Pas d'enfantillages.... Réfléchissons.... Ne soyons ni trop enthousiaste ni trop déconcerté.... Pour commencer, tu as très bien valsé, ce soir.... C'est déjà quelque chose.

—Tu crois?

—J'en suis sûr.... Une autre question.... Es-tu bon écuyer?

—Peut-être pas d'une suprême élégance, mais solide, j'en réponds. Aux colonies, l'occasion s'est souvent présentée de faire des reconnaissances en pays perdu, et j'ai enfourché à cru bien des bêtes difficiles.

—Tant mieux!... un bon point de plus à ton actif. Tu verras comme Mlle Thérèse est belle écuyère. Elle n'a pas comme tant d'autres de talents d'agrément. Elle ne sait ni pianoter, ni roucouler rêveusement la romance à la mode, mais pour conduire une barque ou maîtriser un cheval elle défierait n'importe qui. Et ces nobles exercices du corps ne gênent en rien la grâce des mouvements. Bien au contraire. Vive la batelière et vive l'amazone!... Elle me plaît à moi, qui suis un amateur platonique parfaitement désintéressé dans cette grave question. Quelques soupirants déconfits ont bien essayé de jaser un peu sur ses franches allures quasi garçonnières, mais elle s'en moque et a bien raison. C'est une petite vaillante qui n'en fera jamais qu'à sa tête. Heureusement que la tête est bonne.

IV

Rentrés en ville vers trois heures du matin, les deux amis continuèrent à se faire part de leurs impressions.

Couchés dans une grande chambre à deux lits comme d'anciens camarades, après avoir soufflé leurs bougies, enveloppés de larges draps fleurant la bonne lessive de province, ils prolongèrent dans l'obscurité leur intime causerie à l'horizontale.

Georges Paulet ne pouvait parvenir à fermer l'oeil, et ne tarissait pas sur les trésors de jeunesse, d'élégance, d'esprit et de beauté de la petite fée de Saint-Christophe.

—A propos, explique-moi donc pourquoi sa mère l'appelle Thérèse et son père Mésange?

—Un surnom qu'elle mérite bien et qu'on lui a donné quand elle avait cinq ou six ans, à cause de sa gentillesse et de sa vivacité.... Elle ne tenait jamais en place, pas plus que le petit oiseau bleu cendré de nos jardins fruitiers.

—C'est curieux!... Et depuis la femme est restée vive comme l'enfant?

A une autre question, sans doute plus longue et plus sérieuse, que le marin adressait à l'avocat, il resta sans réponse. Guérineau n'avait peut-être pas entendu, car bientôt un ronflement sonore et régulier de l'orateur fit comprendre à Georges qu'il pérorait dans le désert. Il dut forcément se résoudre à dévider en silence l'interminable écheveau d'or de ses rêves.

Le lendemain, dans la matinée, entre neuf et dix heures, un assez curieux personnage se présentait à Saint-Christophe, à la petite porte du moulin, une longue et large caisse de bois blanc sur son épaule.

C'était ce qu'on appelle un vieux loup de mer, un ancien gabier d'artimon, ayant suivi Georges Paulet dans tous ses voyages et lui étant dévoué comme un terre-neuve à son maître.

Fourniment bien astiqué, veste courte, petit chapeau de toile cirée en arrière, grand col bleu rabattu, large pantalon ballant au-dessus des chevilles, anneaux d'or fin aux oreilles, et une bonne grosse figure irrégulière, tellement rouge, cuite et boucanée par les soleils, de l'équateur, qu'on l'eût dite taillée à coups de serpe dans un bloc d'acajou.

Il demanda Mlle Julie, fille de chambre de Thérèse Desmarennes.

—Que diable peut bien me vouloir ce garçon-là? se demanda Julie, jeune paysanne alerte et affriolante comme une soubrette d'opéra comique.

—Que désirez-vous, mon brave, avec un si gros colis?

—Gros, mais pas lourd, répliqua le matelot. Mlle Thérèse est-elle à la maison?

—Pas encore revenue de sa course à cheval.

—Ah! tant mieux, fit Baptiste avec un large rire. (Baptiste était son nom.) Nous allons pouvoir tout arranger. Vite, sa chambre, s'il vous plaît!

Un peu surprise, mais voyant qu'il n'y avait pas à répliquer, Julie précéda le porteur dans le grand escalier, et le gabier ne fut pas long à déballer le contenu de sa caisse, mais avec des précautions infinies, comme une mère pour le trousseau de son enfant.

Il disposa lui-même, au fur et à mesure de l'exhibition, sur la cheminée, sur les tables, sur les étagères, jusque sur les fauteuils, tout un stock d'oiseaux rares de la Polynésie et de précieux coquillages de la mer des Indes que le soleil d'Orient met en couleur à des profondeurs insondables:

D'abord un oiseau-lyre, presque introuvable aujourd'hui dans les îles de corail du Pacifique; puis un argus aux plumes caudales d'un dessin et d'un ton merveilleux; des merles du Sénégal aux reflets métalliques; de grandes conques marines à bouche de nacre rose, où soufflaient autrefois les tritons de Virgile; de larges papillons de toutes les nuances: le noir et vert de l'île d'Amboine, pris à vol ralenti sur la fleur capiteuse des girofliers; le noir et or, indigène de Ceylan; le noir et gris perle, en somptueux demi-deuil, des Indes orientales; le grand azuré du Brésil; et, dans le nombre des menus souvenirs des pays étrangers, toute une collection d'éventails, rivalisant pour la variété des formes et la richesse des couleurs avec les oiseaux et les papillons.

Quand Baptiste eut disposé le tout à sa guise, se reculant un peu, la main gauche en visière sur les yeux, pour mieux juger de l'effet produit, il respira longuement comme un homme satisfait.

—Bien comme ça, dit-il; un petit aquarium comme on en voit peu.

—Muséum, voulez-vous dire. De la part de qui? fit la soubrette.

Le matelot mit un doigt sur sa bouche.

—C'est un secret, je n'en sais rien moi-même.

Et il disparut en remportant sa caisse vide, sans qu'on pût en tirer une parole de plus.

—Moyen singulier de faire une déclaration, se dit tout bas la fine guêpe d'antichambre.

Georges attendait son homme avec une impatience fiévreuse. Dès qu'il fut de retour:

—As-tu bien fait tout ce que je t'avais dit?

—Oui, mon commandant. L'oiseau n'était pas en cage. En son absence, j'ai tout arrimé comme à bord.

—C'est bien. Merci, Baptiste.

—Ah! mon pauvre ami, disait Guérineau à son camarade, comme te voilà féru en plein coeur! Pas de précipitation, je t'en prie. Ne gâtons rien.— Je t'aime assez, tu le sais bien, pour ne rien compromettre, et ne t'engager dans aucune démarche inconsidérée. Laisse-moi donc faire, je vais étudier sérieusement ta cause, la suivre comme une affaire du Palais qui serait mienne.

—Mais quand reviendrons-nous à Saint-Christophe? Les pieds me brûlent et ma tête s'en va.

—Quand reviendrons-nous? Dans trois ou quatre jours au plus tôt; mieux vaudrait à la fin de la semaine. Heureusement que Desmarennes ne nous a pas fait encore les honneurs de ses caves, et que nous n'avons pas visité les chais dont il se fait gloire à bon droit. Ce sera un prétexte plausible, et nous en profiterons pour rendre visite aux dames.

Le troisième jour (Georges n'eut pas la patience d'attendre le quatrième), Paulet et Guérineau revenaient à Saint-Christophe dans l'après-midi; mais, cette fois, ils avaient compté sans leurs hôtes, absents depuis le matin, pour faire une excursion aux ruines de Taillebourg, Desmarennes et sa femme en panier, Thérèse (ou Mésange) sur sa belle petite jument favorite, fine coquette à robe alezan doré, qu'elle nommait Topaze. Les deux autres bêtes de selle préférées était un vif arabe noir et lustré connu sous le nom de Mistral, et la Grise, une bonne et grosse normande qui ne fléchissait pas sous le poids de son maître, quand Desmarennes accompagnait sa fille.

—A quelle heure doit rentrer la famille? demanda l'avocat.

—Peut-être pas avant la nuit.

—Et le maître de chais, pouvons-nous lui parler?

—Justement, le voilà sur le seuil de sa porte basse.

—Allons faire notre visite aux chais, dit Guérineau.

Bien que vivement contrarié de voir la maison vide, Georges Paulet fit contre fortune bon coeur et se disposa à partager l'enthousiasme de son ami pour l'aménagement des caves et des chais de Guillaume Desmarennes, qu'ils visitèrent en détail, ayant pour introducteur le maître de chai lui-même.

Il leur fit les honneurs de son domaine avec la majesté d'un suisse de cathédrale. On commença par le chai principal, au ras du sol, et en pente, qui suivait dans toute sa longueur, en ligne parallèle, les bordures d'osier du jardin bas.

Les chais de Saintonge sont de vrais sanctuaires. On n'y voit pas d'abord en entrant. Une impression de fraîcheur et de ténèbres vous saisit à la fois, comme à l'entrée des vieilles cryptes romanes. On marche à tâtons comme un aveugle; puis votre oeil se familiarise avec un demi-jour crépusculaire aux tons roux, comme dans certains intérieurs de Van Ostade, élève de Rembrandt (ou digne de l'être). Bientôt toute une rangée de barriques en bon ordre émerge des pénombres. Les barriques pleines rendent un son mat, mais si d'un coup sec votre doigt coudé interroge une futaille vide, un son d'orgue pur et vibrant s'éveille et se répercute en multiples échos jusqu'au bout du long sanctuaire. Ce n'est pas une odeur d'encens, de myrrhe ou de benjoin qui vous prend les narines, comme sous les piliers d'une église, mais le subtil et tonique esprit de la vigne qui vous pénètre et vous réconforte. Peu à peu le jour se fait; on commence à voir clair; et, dans une pensée quasi-religieuse, on suppute l'âge et le nom de ces belles eaux-de-vie, gloire de nos aïeux, qui vieillissent en paix dans leur bon fût de chêne solidement cerclé; les unes presque blanches, d'autres jaune paille ou couleur d'ambre, de trente, quarante, et même soixante ans, sans aucun mélange adultère; provenant des vignes fameuses qui s'étalent au soleil sur les deux bords de la Charente, soit dans les régions calcaires et crayeuses de la rive gauche, reconnues comme les plus favorables (Gimeux, Mainxe, Segonzac), donnant la grande et la petite champagne; soit dans les terrains jurassiques et un peu argileux fournissant les premiers et les seconds bois (le Cluzeaux, Cigogne, Mérignac); puis les Borderies, provenant de vignes encadrées sans doute par une lisière de forêts du temps de nos ancêtres;—et jusqu'à des échantillons de crus inférieurs, tels que les eaux-de-vie de Surgères et d'Aigrefeuille, destinées à des amateurs moins gourmets ou moins fortunés.

Tout s'y rencontrait, avec certificat d'origine et extrait de naissance.

Maître Guérineau, quelque peu émerillonné par cette atmosphère spiritueuse, avouait en toute sincérité, les narines gonflées, que cet assortiment de futailles vénérables lui semblait moins funèbre que la double rangée historique des caveaux de Saint-Denis. Il cheminait avec lenteur et solennité dans un aimable recueillement, et quand les deux amis passèrent, des chais où vieillissaient les eaux-de-vie, dans ceux où fermentaient les vins de la dernière récolte, dans leurs barriques à bondes levées, le bruit ou plutôt le grouillement simultané de leur écume en bouillons sur trois ou quatre cents fûts en bon ordre qui chantaient à la fois, ce bruit, à première entente, pouvait se confondre avec le frémissement continu des hauts peupliers qui frôlaient au dehors la toiture de ces interminables galeries. Les deux bruits semblaient être un écho l'un de l'autre.

Jusqu'à six heures du soir, Georges Paulet, en victime résignée, eut le courage de suivre et d'écouter Me Guérineau, qui se grisait à la fois de sa parole éloquente et de l'esprit des vins.

Quand ils sortirent des chais comme d'une crypte crépusculaire, en remontant au grand jour, le marin ne put retenir un cri de délivrance et de joie.

Un bruit de roues se rapprochait, les maîtres de Saint-Christophe revenaient, Thérèse en avant, au grand trot de sa vive et coquette alezane. Devant la porte d'entrée, Topaze s'arrêta court, toute frémissante sur ses fines jambes de race, le frein blanc d'écume et des éclairs dans l'oeil. Georges fut souffleté au passage par le vent d'une longue jupe d'amazone. Courant au devant de l'écuyère, il lui tendit la main, qu'elle accepta, pour descendre comme un oiseau qui prend terre.

Il était pourpre d'émotion, Thérèse un peu rouge, mais sa rougeur, à elle, pouvait être mise sur le compte d'une course précipitée dont elle était encore toute haletante.

Il n'avait pas dit un mot; sa voix lui restait dans la gorge.

—Merci, fit-elle en parlant la première. Êtes-vous bon cavalier, monsieur?

—Bien que marin, je puis tenir en selle, répondit Georges, croyant à une fine pointe d'ironie.

—Eh bien! nous verrons, dit-elle.

Desmarennes voulut les retenir à dîner; mais, soit par diplomatie, soit par discrétion, tous deux refusèrent. Guérineau prétexta d'ailleurs que, le soir même, il attendait des confrères à sa table: parfait mensonge, mais qui lui semblait utile à ses vues.

—Eh bien! je n'insiste pas pour aujourd'hui, fit Desmarennes; mais après-demain, dans la matinée, mes affaires me laisseront libre. Venez tous deux de bonne heure. Pour mieux faire, je vous enverrai prendre en voiture; puis nous ferons à cheval une excursion jusqu'au bout des grandes prairies. M. Paulet pourra se rendre compte des nouveaux barrages établis sur la rivière, dans l'air vif du matin, et nous n'en déjeunerons que mieux. Qu'en dis-tu, Mésange?... Seras-tu de la partie?

—Mais volontiers, mon père.

V

Au jour dit, tout le monde fut prêt.

A l'encontre de certains militaires, raides et gourmés, quand ils s'habillent en hommes, en bourgeois, comme on dit, Georges Paulet se trouvait parfaitement à l'aise en costume civil: petite jaquette noire, pantalon gris, simple béret de laine brun, comme à la campagne.

Quand il mit le pied à l'étrier pour enfourcher Mistral, le bel arabe le regarda d'abord de travers, en secouant sa crinière chevelue et dressant sa queue en éventail: d'un vif mouvement de côté, il chercha à le désarçonner; mais il s'aperçut vite qu'il avait affaire à quelqu'un de souple et solide, dont la jambe nerveuse l'enveloppait bien. D'ailleurs le cavalier l'appelait par son nom avec des inflexions câlines dans la voix, en lui caressant l'encolure. Bientôt Mistral fila doux comme un chevreuil.

Mlle Thérèse était sur Topaze, en amazone bleu cendré, et coiffée d'un léger feutre à voilette relevée, ses adorables cheveux châtain clair noués en arrière, un peu haut sur le cou, comme un gros bouquet à torsades moirées.

Desmarennes montait la Grise.

Me Guérineau et Mme Desmarennes suivaient, dans un coquet petit panier.

Et, comme acolyte à la caravane, mais également à cheval, miss Flower, sèche créature anglaise, à dents longues, pouvant avoir la trentaine, mais accusant quarante ans; bonne écuyère au regard boréal, dont le coeur, à basse température, devait certainement être au-dessous de zéro.

Ancienne institutrice, elle jouait présentement un triple rôle à Saint-Christophe: elle tenait bien les écritures pour les nombreux articles de toilette des fournisseurs; écrivait en pur idiome britannique aux divers correspondants d'outre-Manche pour les vins et spiritueux exportés à Londres et à Liverpool, et pouvait au besoin tenir deux grandes heures au piano pour les sauteries improvisées. Au demeurant, fille assez bon garçon, tenant les grandes utilités, en termes de théâtre.—Sur le théâtre de la vie, ces rôles ont souvent leur emploi. Elle s'était donc fait un nid dans la maison, et touchait d'assez beaux revenus, en oubliant les orages du coeur.

A côté de Desmarennes, sur la Grise, elle montait Néra, une haute et longue indigène bai-brun du Yorkshire.

Tout fut arrangé pour le mieux dans cette excursion matinale, et l'amour y trouva largement son compte.

Miss Flower et Desmarennes, carrément établis sur leurs paisibles bêtes, comme des gens qui ne tiennent pas à se fatiguer et qui d'ailleurs ont tout le loisir d'arriver à destination, ralentissaient d'instinct leur marche aux montées, tandis que Georges et Thérèse, s'interrogeant d'un coup d'oeil pour un petit temps de galop, enlevaient prestement leurs montures.

Mistral et Topaze bondissaient en hennissant clair.

Le soleil dissipait les dernières buées de la nuit, qui se traînaient encore en longues écharpes blanches sur les prés bas et les terres de labour.

Et, perdues dans les hauteurs du ciel, de petites alouettes invisibles multipliaient en notes vibrantes leurs trilles d'espérance et de joie.

Quand Georges et Thérèse furent bien seuls, laissant la caravane en arrière, Mistral et Topaze se remirent au pas, et quelques phrases rapides furent échangées entre l'amazone et le cavalier.

—Vous devez reconnaître, monsieur, que votre manière d'agir à mon égard a quelque chose d'étrange, de peu conforme aux vieux usages de notre monde européen....

Georges se taisait.

—Mais, reprit-elle, l'intention sauve peut-être le procédé.... Julie a laissé faire votre matelot, et n'a pas eu le courage de réintégrer dans sa caisse tous les trésors exotiques exhibés à mon intention, sans doute d'après vos ordres?...

—Oh! mademoiselle, ce pauvre Baptiste eût été si malheureux! répondit Georges dont la voix frémissait.

—C'est ce qu'a pensé Julie. Il est parti d'ailleurs comme si la foudre l'emportait.... Pour ma part, toute réflexion faite, je me suis laissé traiter comme une reine des pays étrangers, qu'on veut se rendre favorable en abordant dans son île.

Georges répondit par un radieux sourire de gratitude en s'inclinant sur l'encolure de Mistral.

Désormais, la glace était brisée, les regards s'échangeaient, les deux coeurs se parlaient.

Topaze et Mistral, dont parfois les fines têtes intelligentes se rapprochaient, se mordillaient la crinière à dent courtoise.

Ils semblaient tout comprendre et se dire:

—«Comme ils vont bien ensemble tous deux! Comme ils sont bien faits l'un pour l'autre!»

—Décidément, songeait Thérèse en interrogeant ses plus intimes pensées, si ce garçon-là veut de moi pour sa femme, je crois bien que je ne tarderai pas à m'appeler madame Georges Paulet. Ce nom-là me sonne bien à l'oreille.

En résumé, Georges était bon valseur, avait fort belle tenue à cheval. Bien que jeune encore (quel âge? vingt-sept ou vingt-huit ans peut-être), il parlait sérieusement, en homme d'expérience mûri par de nombreux voyages, ayant souvent changé de ciel.... Comme réserve et savoir-vivre, elle ne connaissait personne à lui comparer.... Assurément, il se serait jeté à l'eau ou au feu pour elle, afin de ravoir son bracelet ou son éventail.... L'occasion ne s'en était pas encore présentée, mais elle n'en doutait pas.... Parfaite concordance dans les âges ... rare harmonie dans les caractères.... Il n'en fallait pas davantage ... d'ailleurs il l'adorait tout simplement ... et pour un convalescent pris encore par intermittences des fièvres malignes de la Vera-Cruz ou du Sénégal, quel meilleur remède que la sainte fièvre d'amour?

Ainsi pensait-elle, en relevant sa voilette et attachant sur lui un de ces francs regards qui sont toute une révélation des coeurs.

En homme bien appris cependant, Georges n'oubliait pas absolument Desmarennes et quand on arriva, avec une apparence de bon ensemble, au bout de la grande prairie, le marin écouta fort complaisamment toutes les explications du gros propriétaire.

Desmarennes lui fit voir d'un coup d'oeil, en suivant la ligne des peupliers, de longues et solides chaussées, établies avec des rigoles en contre-bas de la rivière; rigoles alimentées par des vannes sans nombre.

—Quand mes prés ont soif, ajouta Desmarennes, on lève la pale aux petites écluses, et toute la prairie se trouve inondée comme par enchantement, à dose et à hauteur voulues. On n'a qu'à baisser toutes les pales quand les prés ont assez bu.

Desmarennes ne s'en tint pas là. Il voulut initier le marin aux rendements de ses prairies, lui expliquant la nature des bons fourrages et lui nommant les principales graminées constituant la valeur de ses foins exceptionnels; il cita la grande fétuque et le brome, sans oublier la fléole, la flouve odorante et le vulpin des prés.

Georges écoutait fort obligeamment et paraissait parfaitement se rendre compte de la prospérité de ces grands herbages, grâce à l'intelligence et à l'activité du propriétaire, dont les yeux ne s'endormaient sur aucun détail.

Au retour, le déjeuner fut très animé, les causeries quasi familières. Il y avait là, comme élément de conversation, quelque chose de plus intime qu'au grand dîner de la semaine précédente. Quand, vers trois heures de l'après-midi, Georges Paulet et Guérineau se laissèrent reconduire en voiture par Desmarennes lui-même, et lorsque Mésange leur eut dit: «Au revoir, messieurs!» simplement à la manière dont elle prononça: «Au revoir!» dans la bonne grâce attendrie de l'inflexion et le rêve du regard, maître Guérineau comprit, à n'en plus douter, que cette fois les deux coeurs étaient fiancés.

Trois jours après, Desmarennes, à huit heures du matin, entrait comme un obus dans le cabinet de l'avocat, déjà à son travail et compulsant ses nombreux dossiers.

—Voyons ... maître Guérineau ... pas d'équivoque et parlons sérieusement.... Nous sommes bien seuls ... et personne ne viendra nous déranger?

—A cette heure matinale, ce n'est guère probable, et d'ailleurs je condamne l'entrée.

Ce disant, il poussa la targette de sa porte et offrit son plus large fauteuil à Desmarennes, qui s'y installa en essuyant la sueur de son front et posa son grand chapeau sur la table.

—Savez-vous, maître Guérineau, que votre ami me plaît fort?... Entre nous, bien sincèrement, dites-moi donc quelle est la position de ce garçon-là ... qui me semble avoir ensorcelé la maison.

—Ce n'est pas un reproche, n'est-ce pas? Posons bien nos prémisses.... Ce n'est pas moi qui vous l'ai jeté à la tête. C'est bien vous qui êtes venu l'inviter et le prendre chez moi?...

—Assurément.... Mais, enfin, quelle est sa position, présente et à venir?...

—Comme position officielle, lieutenant de vaisseau ... brillant avenir ... le grade de capitaine de frégate en prochaine perspective.... Comme position pécuniaire ... à peu près dix mille livres de rentes simplement, du chef de sa mère défunte. Le plus riche de la famille sera plus tard son jeune frère, du second lit, qui possédera toute la grosse fortune de l'armateur-expéditeur de Bordeaux.

—La fortune, pour moi, c'est quelque chose assurément. J'y tiendrais un peu, je l'avoue, mais sur ce chapitre-là Mésange voit autrement, et je ne veux pas la contrarier.... Mais dans l'espèce, comme vous dites, moi je vois encore de très sérieuses difficultés.

—Lesquelles? fit l'avocat.

—Dans le cas où votre ami se prononcerait, je vous avoue franchement que je ne veux pas d'un gendre qui serait en route continuelle, ballotté du cap Horn au cap des Tempêtes; aujourd'hui sur la côte de Guinée, demain à

Madagascar, avec une pauvre fille à la maison, noyée dans un déluge de larmes à propos de son cher absent. D'autre part, comment faire? En France, un officier de marine ne peut pas, comme en Angleterre, prendre sa femme à bord pour une traversée, à moins, dit-on, d'être contre-amiral. Et nous n'en sommes pas encore là. D'ailleurs, quand bien même il le pourrait, je ne tiens pas à ce qu'un étranger m'emporte ma fille et me laisse dans une maison vide.... Comment faire?

—Dame! je ne vois qu'un moyen qui me semble très simple.

—Lequel?

—Une bonne démission. Georges Paulet a fait ses preuves au Mexique et au Sénégal. Il est encore souffrant de son dernier voyage.... En temps de paix, il peut très bien renoncer définitivement à la vie d'aventure.

—Voilà, précisément, où je voulais en arriver, répondit Desmarennes comme allégé d'un grand poids qui lui étouffait la poitrine.... Qu'il donne sa démission, autrement il ne sera jamais mon gendre.... C'est un homme à la mer.... Voilà mon ultimatum.

—Rien n'est donc encore désespéré, répondit l'intelligent avocat en dissimulant sa joie.... Laissez-moi négocier cette affaire-là.... Vous savez parfaitement que vous parlez avant tout à un homme d'honneur qui vous aime et vous estime profondément et ne trahirait en rien vos intérêts de coeur ou d'argent, n'est-ce pas?

—J'en suis convaincu....

—Eh bien ... je ne dirai absolument rien à Georges Paulet de notre entrevue de ce matin ... et je vais l'interroger sérieusement sur ses intentions.... Si, comme je veux l'espérer, le navigateur renonce définitivement aux voyages, et désire fixer sa tente au bord de votre petite rivière, comme un gendre bienheureux et dévoué ... il contribuera, assurément, à la joie tranquille de vos derniers jours, qui sont encore très loin, grâce à Dieu et à votre constitution robuste, qui vous permettrait d'enterrer tous les gendres.

Desmarennes remercia l'avocat d'un large sourire. Il pourrait donc garder sa fille, sa fille bien mariée et vraiment heureuse. Ne lui avait-elle pas dit, la veille: «Mon père, si vous voulez me donner un mari, choisissez M. Georges Paulet, je n'en veux pas d'autre»?

Le jour même, Guérineau se proposait de dire à Georges:

—Mon ami, donne ta démission, autrement tu n'auras jamais la fille; je connais Desmarennes, il ne bronchera pas.

Donner sa démission!... L'officier de marine y avait déjà songé.... Certes, renoncer à la mer et à ses belles perspectives d'avenir, si jeune encore, à vingt-huit ans, au premier abord cette décision lui semblait un rude sacrifice.

S'il était au moins capitaine de frégate!... Mais quand parviendrait-il au grade d'officier supérieur, dans un temps de paix profonde et pour longtemps assurée? Qui pouvait le dire?

C'était aussi difficile à savoir par avance que de sortir de la Région des Calmes avec un navire à voiles avant l'usage de la vapeur.

D'autre part, il devait le reconnaître, il avait déjà suffisamment fait ses preuves en mer, et même sur terre, dans des circonstances graves. Plus d'une fois porté par ses chefs à l'ordre du jour, à la rigueur il avait bien droit au repos.... Sa santé se trouvait déjà compromise. Son devoir strict de marin ne l'empêchait donc pas d'obéir au voeu le plus cher de son coeur.

Qui peut d'ailleurs se vanter de connaître l'impénétrable avenir? Les circonstances présentes se trouvant toutes favorables, s'il ne se prononçait pas d'un jour à l'autre, Mésange, par déception, peut-être par dépit de voir qu'il hésitait à tout sacrifier pour elle, qu'il ne l'aimait pas absolument et sans réserve, en un mot, jalouse de la mer, Mésange donnerait sa main au premier prétendant disponible, à un être quelconque, indifférent pour elle.... On voit parfois de ces brusques revirements néfastes.... Et toute sa vie à lui, par la faute de son irrésolution, serait à jamais désenchantée ... il se trouverait réduit à reprendre la rude existence de bord, à courir, comme un morne et éternel bohème de la mer, sur toutes les houles du globe, avec une sourde plaie au coeur et le poignant souvenir d'un paradis perdu.

Aussi, quand Maître Guérineau, sur un ton de grave confidence et avec un demi-sourire perplexe, lui demanda:

—Georges, s'il te fallait donner ta démission ... que ce fût le seul moyen de réussir?...

—Le faut-il absolument?

—Absolument.

—Eh bien! c'est dit. Je renonce à la mer.

Les deux amis s'embrassèrent spontanément.

Georges écrivit le soir même au ministre de la marine, en faisant surtout valoir une santé profondément altérée par un trop long séjour aux colonies.

La démission fut acceptée et, après ses bons états de service, trouvée toute naturelle en temps de paix par ses camarades de bord.

Pour le mariage, les préliminaires ne furent pas longs. Georges fit correctement sa demande, fut agréé comme gendre par Desmarennes, et deux mois après on put voir à Saint-Christophe une des plus belles cérémonies dont les Charentais aient gardé souvenir.

On ne raconte pas le bonheur des élus.

Un simple petit détail nous semble pourtant de nature à ne pas être oublié.

Quelques semaines avant la célébration du mariage, comme les fiancés et leurs familles faisaient une promenade dans le grand parc, Desmarennes fut tout surpris de voir son pavillon de chasse bouleversé de fond en comble par un groupe de maçons et de charpentiers qui piétinaient dans ses ruines.

Son architecte lui-même, Anselme Durieux, était là en personne, commandant à une équipe d'ouvriers, son feutre sur l'oreille et tout bosselé, et ses habits couverts de plâtras.

Il semblait ne pas reconnaître Desmarennes au passage, avait déjà fait abattre le grand mur de droite, et les pioches entamaient le grand mur de gauche du pavillon central.

—Que diable faites-vous donc là, Durieux? s'exclama Desmarennes.... Certes, voilà du nouveau pour moi ... le propriétaire ne sait pas ce qu'on fait chez lui?

—Ordre de mademoiselle Thérèse, fit gravement Durieux, impassible et fort de son droit.

—Ah! c'est différent, fit le père avec une moue sérieuse.... Mais pourquoi ne m'a-t-on rien dit?

—Une surprise ... tu le sauras plus tard ... quand il le faudra, répondit Mésange souriante, en se haussant sur la pointe de ses petits pieds et prenant d'une main familière le menton de son père désarmé, absolument comme une jeune déesse antique lorsqu'elle adressait une demande au maître des dieux.

Mlle Thérèse avait commandé à l'architecte deux chambres de plus au rez-de-chaussée et une chambre à l'étage supérieur. Quelque chose de simple, avait-elle dit, de rustique, d'élégant, de commode et de bien éclairé.

L'architecte avait d'abord contrecarré tous ses plans pour y substituer les siens, comme un petit Bramante de province, rêvant d'édifier un palais ducal et mystifié de se voir réduit à construire une masure; mais Mlle Thérèse avait tenu bon.

—Voilà ce que je veux, avait-elle ajouté, ni plus ni moins.... C'est à faire ou à ne pas entreprendre.

Il avait bien fallu en passer par là, et Anselme Durieux exécutait en hâte, bien à contre-coeur, mais à la lettre, les ordres précis de Mlle Desmarennes.

A l'époque de leurs migrations, les oiseaux bienheureux qui reviennent à nos régions tempérées, ramiers des bois, loriots et rossignols, rêvent en voyage à l'édification de leur nid futur.

A peine installés dans leurs nouveaux cantonnements, ils le bâtissent, le façonnent à leur guise, bien capitonné de fins duvets, de crins, de laine et de soie ... souvent de terre et de mousse à l'extérieur ... mais, à l'intérieur, ouaté comme une vraie conque de velours.

Mésange avait eu la même pensée.

Elle avait pris toutes ses mesures pour être prête au jour fortuné marquant une si belle page dans sa vie.

Les oiseaux, que bien à tort on dit légers, sont très sérieux quand il faut songer à tous ces menus détails de ménage, qui contribuent pour une si grande part aux joies sacrées bénies par le créateur des mondes.

Pourquoi une jeune, charmante, heureuse petite femme intelligente et bien Française, n'aurait-elle pas fait comme eux?

Le soir du mariage, au lieu de quitter brusquement leurs familles, pour s'en aller Dieu sait où!... prendre un bruyant chemin de fer, crachant sa fumée noire; au lieu de traverser des villes inconnues, de passer par de froids et luxueux hôtels qui, à vrai dire, ne sont que des auberges où entre tout le monde; où les glaces, rayées en tous sens, affichent de vulgaires noms de femmes écrits au diamant par les grandes coureuses des stations balnéaires ou hivernales, les nouveaux mariés restèrent simplement chez eux, à Saint-Christophe, bien seuls, au fond du grand parc, inaugurant le pavillon restauré comme Mésange l'entendait, ayant pour uniques serviteurs la fine soubrette Julie, et Baptiste, le gabier d'artimon, qui, son temps fini, restait au service de son maître pour le département de la pêche et des bateaux.

Ce fut au bruit des eaux courantes, dans une verte presqu'île, tout embaumée par les menthes et les reines des prés, que la jeune femme interna son bien-aimé, l'enveloppa de ses deux bras et prit sa tête heureuse sur son coeur enchanté, pour le reposer de ses rudes et longs voyages.

DEUXIÈME PARTIE

I

L'inattendu joue un si grand rôle dans nos pauvres destinées humaines, qu'un sage du monde antique, un Athénien, disait:

«Pour affirmer avec certitude que tel homme fut heureux, il faut attendre qu'il ait cessé de vivre.»

Réflexion peu consolante, mais qui trop souvent nous revient en mémoire.

A Rochefort-sur-Mer, Georges avait fait construire une barque de forme élégante, quillée, toute blanche avec un fin liston bleu.

Par une chaude matinée, suivant les sinuosités de leur petite rivière, tous deux remontaient le courant, lui aux avirons, elle au gouvernail, une main à la barre, l'autre pendante au fil de l'eau qui la rafraîchissait.

Par instants, tous deux se contemplaient et s'enivraient l'un de l'autre; leurs beaux regards rayonnaient de la sainte joie des coeurs, lorsque, à un détour de la rivière, dans le demi-jour verdâtre tamisé par les aunes, en écoutant le frémissement des feuilles, Mésange eut un frisson brusque, un tressaillement involontaire, et devint toute pâle.

—Qu'as-tu donc, ma pauvre Mésange? froid peut-être. Un bras nu dans l'eau. C'est imprudent.

—Non, non, c'est autre chose, dit-elle en hochant la tête; une pensée noire, un pressentiment, une horrible crainte m'a serré le coeur.

—Que veux-tu dire? Parle, je t'en prie! Qu'avons-nous à craindre?

—Je ne sais ... mais je souffre d'une vague appréhension dont je ne me rends pas compte.... Je rêvais que j'étais trop heureuse ... que les grands bonheurs durent peu ... je croyais voir passer des nuages dans notre ciel.

—Songe fantastique, ma belle peureuse.... Et moi qui te croyais brave!

Mais, toute frémissante, elle appuya sa tête inquiète contre la poitrine de Georges, comme y cherchant un refuge, et l'étreignit convulsivement de ses deux bras.

Georges lui répondit par un long baiser.

Elle essaya de sourire, mais en vain, et jusqu'au soir resta toute sérieuse, obsédée par une pensée fixe, comme par une sombre hallucination....

Bien que Georges l'eût traitée de superstitieuse, ses craintes n'étaient pas vaines et ne tardèrent pas à se réaliser.

Le mois d'après, nous étions en juillet: de mauvais bruits, inconsistants d'abord, commençaient à se confirmer. Dans l'air passaient déjà de vagues rumeurs de guerre et comme des bouffées d'orages lointains.... Les événements marchent vite, ainsi que les morts de l'ancienne ballade d'outre-Rhin.

Pour la première fois depuis le commencement du siècle, avant de s'en être aperçue, la France avait l'ennemi aux frontières et se trouvait brusquement envahie.

Se reposant un peu trop peut-être sur de glorieux souvenirs et ses grandes conquêtes d'autrefois, elle se croyait forte et plus qu'en mesure de résister, tandis que rien n'était prêt pour la défendre.

Nous étions en juillet de l'année terrible.

Aujourd'hui que les plus braves des deux armées reposent, pour la plupart, dans la grande égalité de la mort, gardons-nous de récriminations rétrospectives et de larmes déclamatoires. Assurément, mieux vaudrait oublier; mais qui peut oublier? Ne rien taire est un devoir grave. Le passé doit éclairer l'avenir.

Que ceux qui restent et ne peuvent être consolés nous pardonnent du moins si nous touchons d'une main pieuse à de profondes douleurs encore mal endormies.

Les hommes de terre ne suffisant pas à la défense de Paris, on fit appel aux hommes de mer. Lorient, Toulon, Brest, Cherbourg, Rochefort fournirent leur contingent. De tous les points du littoral, on répondit.

Quand, aux dernières nouvelles, plus sombres que les précédentes; Georges Paulet interrogea Thérèse, simplement du regard:

—Va, dit-elle, répondant la première à sa pensée. Fais ton devoir; je serai courageuse.

—Tu viens, Baptiste? avait demandé Georges.

—Oui, mon commandant.

Deux jours plus tard, tous deux s'enfermaient dans Paris assiégé.

Nous ne raconterons pas tous les épisodes funèbres de ce désastreux hiver. Nous tournerons d'une main rapide la page marquée de noir dans le grand livre de nos annales. D'autres, plus tard, diront mieux que nous les scènes d'héroïsme obscurément accomplies, les sentinelles perdues frappées en silence et tombant à leur poste dans les brumes glacées de la nuit. Nous

nous bornerons aux quelques détails indispensables pour l'intelligence de notre récit.

Dans le premier effarement de la grande ville investie, renfermée dans un cercle de feu, nos marins arrivèrent simplement, sans cri, sans geste et sans phrases, comme de braves gens qui accomplissent un devoir.

Avec leur habituel sang-froid et une rigoureuse discipline, ils se multiplièrent sans bruit, heureux d'obéir à des chefs intelligents et graves, que tous aimaient et respectaient.

Répartis sur divers points de la ceinture, où rien n'était encore préparé, ils déployèrent une activité surhumaine, et grâce à eux, tous nos forts, mis en état de défense, purent décemment répondre au feu de l'ennemi.

Le 21 décembre, Georges Paulet et son matelot se trouvaient à l'affaire du Bourget, héroïque et funèbre journée, qui jette un éclair de gloire sur le fond noir de nos souvenirs, et que certes nos adversaires n'oublieront pas.

Tandis qu'eux, abrités, tiraient à coup sûr du trou des caves, des fenêtres des maisons, des rues barricadées, des murs crénelés d'un parc, nos marins, tête haute et la poitrine en avant, sans détacher leur fusil de l'épaule, attaquaient au pas de course, hache à la main, comme à l'abordage, sous Jean-Bart et Duguay-Trouin.

Ce fut là, dans une lutte inégale et terrible, que tombèrent trois cents des nôtres, humbles et stoïques serviteurs d'une grande cause. La plupart d'entre eux savaient qu'ils n'en reviendraient pas, mais s'étaient dit que leur exemple était bon, et c'est avec une âpre joie qu'ils s'en allaient dans la mort.

Que de jeunes et vaillants coeurs cessèrent de battre ce jour-là! Que de beaux et francs regards éteints pour jamais! Quelles mains robustes et loyales brusquement refroidies, crispées dans une dernière étreinte sur la grande hache de combat!

De toute cette ardente et sérieuse jeunesse, emportée d'un souffle épique, comme si Jeanne d'Arc et Marceau revivaient en elle, restèrent quelques flaques de sang noir éparses dans la neige.

Quand Georges Paulet tomba, d'un coup de feu en pleine poitrine, son matelot s'agenouilla pour arracher l'uniforme et de la main chercha son coeur, qui ne répondait plus. Il voulut emporter son maître, mais presque aussitôt, frappé lui-même, il s'affaissa sur le corps de son lieutenant.

Il ne reprit connaissance que deux nuits après, sur un froid grabat d'hôpital, la tête enveloppée de linges saignants, à la lueur d'une pâle veilleuse qui tremblait sous les voûtes.

—Mon commandant? où est mon commandant? furent ses premières paroles.

—Derrière l'église, où sont couchés les braves, répondit un camarade, du lit voisin.... Il était encore temps pour toi ... et pour moi.... Les brancardiers nous ont ramassés.... Mais ceux qui dorment sont plus heureux que nous.

La paix signée, après un séjour de trois longs mois à l'hôpital, Baptiste revint seul au Moulin des Prés, avec une large balafre à la tempe gauche et un crêpe au bras.

A Saint-Christophe, tout le monde prit le deuil. Bien que le souvenir de l'héroïque défunt fût encore tout récent dans les coeurs, personne n'osait en parler, dans la crainte de faire déborder le torrent des larmes. Tous y pensaient, les yeux se comprenaient, mais les bouches restaient muettes.

—Baptiste, avait dit Guillaume Desmarennes au matelot, si rien ne t'appelle ailleurs, reste avec nous, mon garçon. Ici le travail n'est pas trop rude. Regarde-toi comme faisant partie de la maison. Ta vie est assurée, et chacun aura pour toi les égards qui sont dus à un digne serviteur respectant comme nous la mémoire de celui que nous pleurons.

Baptiste avait accepté. Il eut son installation à part, dans une cabane rustique, mais bien aménagée, où il remisa les filets, les verveux et les nasses, les perches et les avirons des barques et des bateaux, et tous les engins et instruments de pêche.

C'était au fond du grand parc, non loin du cher pavillon où, quelques mois avant, s'abritaient, comme dans un nid d'amour, les pauvres bienheureux au bonheur si rapide, sanctuaire à jamais voilé depuis à tous les yeux profanes, où portes et fenêtres restaient hermétiquement closes.

Après son travail de la journée, Baptiste, à l'heure du souper, racontait parfois les divers épisodes de l'année terrible, et les misères du siège, aux paysans de Saintonge revenant de leurs vignes ou de leurs champs de blé; gens paisibles qui, dans nos temps modernes, sont restés si loin du bruit des guerres. A chacun son tour: ils en ont eu leur bonne part autrefois.

A l'époque de saint Louis, de Charles IX et de Louis XIII, ils ont assez largement payé leur tribut. La bataille de Taillebourg, le siège de la Rochelle, la prise de Saint-Jean-d'Angély, ont laissé chez les arrière-petits-fils comme de vagues réminiscences lointaines des luttes religieuses où ligueurs et parpaillots se portaient de si rudes coups, au temps des grandes amours et des vigoureuses haines.

Mais voilà des siècles que les vignerons de Saintonge sont bien tranquilles chez eux. Aussi les narrations de Baptiste, rapides et colorées comme les récits des marins primitifs, leur semblaient-elles des chroniques toutes neuves, attrayantes comme les fabuleuses légendes d'un autre âge.

Peu à peu on se reprit à vivre à Saint-Christophe. Le train régulier des affaires, la bruyante activité du moulin, les arrivages de blé, la vente des farines, le bruit des longues charrettes allant et revenant de jour et de nuit, et la récolte des foins, et la moisson, et la vendange, occupèrent plus ou moins tout le monde.

Me Guérineau, l'avocat; Verdier, le notaire; le docteur Laborde revinrent d'abord à de rares intervalles, puis régulièrement, comme autrefois, déjeuner ou dîner à la maison.

Me Guérineau était certainement un de ceux qui avaient le plus douloureusement ressenti la perte de Georges Paulet, son ami d'enfance et son plus cher camarade, mais lui-même évita plus d'une fois de prononcer son nom, d'abord à cause du grand deuil trop récent de Thérèse, par crainte de toucher à des plaies encore vives; puis, par habitude, soit qu'on y songeât moins, soit que, dans le tumulte et le mouvement des affaires courantes, l'oubli, comme une mousse sur les arbres, eût envahi par degrés une bonne partie des pensées quotidiennes. De sorte qu'au bout de quelques mois on finit par ne plus en parler, bien que sa mémoire restât profondément gardée dans le silence des coeurs.

Quelques jours avant la funèbre nouvelle, Thérèse avait fait une grave confidence à Mme Desmarennes: elle avait senti vaguement quelque chose d'inconnu tressaillir en elle. Prise du fol espoir d'être mère, de voir revivre dans un fier garçon bien à elle l'image du cher absent tant pleuré, elle s'était quelque temps rattachée à ce dernier lambeau d'espérance; mais, trop vite déçue dans son rêve, la jeune et sombre veuve était retombée, de tout le poids de son coeur, dans sa résignation muette, vouée simplement désormais au culte religieux des stériles souvenirs.

La seconde année de son deuil, vers la fin du printemps, Mme Desmarennes avait dit à sa fille:

—Thérèse, je vois bien que notre santé s'altère.... Rester ainsi, toujours au même endroit, ce n'est pas vivre, mais végéter. Il serait bon de changer d'air. La saison sera belle et chaude. Que dirais-tu de Royan-les-Bains? Si nous allions y passer deux mois? Pour ma part, j'y retournerai volontiers si le voyage t'agrée. Qu'en penses-tu, ma fille?

—Mon père viendrait-il?

—Nous accompagner, si tu le désires. Cela te distraira sans doute un peu, et, dans tous les cas, vaudra mieux pour nous que de piétiner constamment sur place, avec toute une légion de pensées noires qui nous obsèdent jour et nuit. Si tu m'en crois, nous partirons en juillet.

—Comme vous voudrez, répondit Thérèse, avec son pâle sourire de résignée à qui tout semble indifférent.

La belle saison venue, Mme Desmarennes et sa fille louèrent à Royan le chalet des Pins, où Desmarennes resta deux jours avec elles, et vécurent là, non précisément comme deux recluses, mais très modestement et comme dans un monde à part, sans se mêler à la foule tumultueuse et bariolée grouillant aux bains de Pontaillac ou au théâtre du Casino; se bornant, pour toute société, aux deux familles qui étaient venues les rejoindre, celle du docteur et celle du notaire. Me Guérineau lui-même apparaissait quelquefois, entre deux plaidoyers, au bord de la mer, pour y retremper son éloquence, assurait-il avec la verve enjouée et par instants gouailleuse qui était le vrai fond de son caractère.

Thérèse avait officiellement fini son deuil, et obéissant à l'étiquette mondaine, avait quitté ses robes noires, pour ne pas attirer trop longtemps l'attention des indifférents sur ses afflictions personnelles, gardant pour elle seule le secret de sa douleur intime et profonde; mais, comme d'instinct, elle avait renoncé aux couleurs claires et aux nuances gaies d'autrefois. Ses toilettes habituelles étaient toujours plus ou moins sévères, en harmonie avec le ton sérieux de ses pensées.

Bien qu'elle descendît rarement sur les plages, elle devint bientôt, malgré elle, le point de mire des lorgnettes et des longues-vues (rien n'échappe à l'oeil désoeuvré des curieux qui s'ennuient); et peu à peu les espérances des prétendants commencèrent à renaître. Une jeune veuve, très belle encore, sans enfants, fille unique dont la fortune était par avance cotée à son chiffre, intéressait au plus haut point tous les élégants à bourse mince qui ouvrent si facilement leur bouche de fretin vulgaire à l'hameçon d'argent.

Quand elle sortait avec sa mère pour une promenade à pied tout simplement, du côté de Saint-Georges ou de Saint-Palais-sur-Mer, tous les regards étaient braqués sur elle. On se montrait de loin cette jeune femme aux sourcils froncés, aux lèvres serrées et ne souriant jamais. On se demandait, avec une curiosité désobligeante, si parmi les beaux élégants de la contrée personne ne pourrait tôt ou tard réveiller un éclair dans ces grands yeux si obstinément voilés; si ce coeur en deuil de son premier amour resterait à jamais fermé; et, en attendant la solution du problème, on avait baptisé la jeune femme d'un surnom. On disait la *Carmélite* en parlant d'elle.

Thérèse et Mme Desmarennes avaient fait une excursion à la Pointe-de-Grave; elles étaient descendues à Soulac, dans la vieille église souterraine si profondément enfouie dans les sables. Une autre fois, par un jour de calme exceptionnel, elles avaient pu aborder à Cordouan, au phare planté sur un écueil à quatre lieues des côtes, et qui, de loin, par les temps clairs, se dresse en champ d'azur comme une haute aiguille blanche.

Thérèse monta jusqu'au sommet de la tour, d'où le magnifique panorama de la Saintonge et du Médoc se déroulait à ses yeux dans les splendides lueurs d'un soleil tombant.

Si l'aspect de la mer élargit les pensées et rend plus solennelles les saintes joies des heureux, en revanche, pour ceux qui souffrent, elle fait plus grande la solitude des coeurs. Vue de si haut et de si loin, cette plaine bleue qui s'en allait à l'infini lui semblait immense et éternelle comme son premier amour.

—Quel admirable décor, pensait-elle, pour notre pauvre bonheur perdu! S'il était encore là, celui qui depuis deux ans ne peut rien voir ni rien entendre!

Elle se sentit défaillante, et, prise d'un frisson mortel, eut une vraie crise de larmes. Mais elle essuya vite ses joues en entendant derrière elle le pas de sa mère montant les dernières marches de granit.

—Tu as pleuré, ma fille?...

—C'est le grand vent de mer qui nous fouette les yeux, répondit-elle en essayant de sourire.

—Descendons, tu n'y tiendrais pas.

D'autres fois, levée avec le soleil, elle s'en allait toute seule, emportée par son bel arabe noir, jusqu'à la descente pittoresque et sauvage où commence la Grande-Côte. Narines ouvertes et la crinière au vent, Mistral semblait aspirer dans la brise de mer comme un souvenir du pays natal. A l'aspect de ces larges grèves étalées à perte de vue, l'impressionnable et fin pur-sang, dans sa noble intuition de race, rêvait de ces grands déserts de sable où dormaient ses glorieux ancêtres d'Orient. Il semblait entrevoir, comme par un effet de lointain mirage à travers les âges, ces merveilleuses contrées d'outre-mer qu'il n'avait jamais connues, mais qui lui apparaissaient comme dans une perspective étrange, à la fois lumineuse et confuse.

Et Thérèse et Mistral, lancés tous deux à corps perdu dans ces grands espaces libres, s'enivraient de la fraîcheur des brises, dans leur course vertigineuse, aérienne et rapide comme un vol.

Un de ces jours-là, Thérèse commit une grave imprudence à son retour. Au lieu de suivre, à gauche, dans les sables, le chemin tout tracé par la roue des voitures, elle descendit à droite jusqu'au Puits-de-Lauture, où le flot de marée s'engouffre avec des bruits de tonnerre.

De nombreux spectateurs, déjà groupés sur la falaise, regardaient, comme à un décor de théâtre, jaillir par le trou béant les formidables flocons d'écume.

Elle aussi voulut voir de près, mais sans descendre de cheval, le curieux phénomène, et poussa Mistral en avant. Mal lui en prit: Mistral regimba, d'abord effrayé du bruit; puis, hennissant et flairant la mer, il s'arrêta court, humilié d'abord d'engager son fin sabot d'arabe sur des roches de granit, coupantes comme des lames de rasoir, et qui eussent effarouché des pieds de mule. L'écuyère s'entêta, la bête s'obstina. Un coup de cravache bien cinglé répondit à son hésitation. Et Mistral, bondissant sous l'outrage, se leva tout droit et, baissant l'oreille, partit comme une flèche vers l'abîme où ils allaient infailliblement rouler et disparaître tous deux.

Mais du groupe des curieux quelqu'un s'élança, se jetant à la tête du cheval, et d'une main de fer lui comprima les naseaux.

Mistral s'abattit presque au bord de la falaise; Thérèse, dégagée de l'étrier, se releva sans aucun mal apparent.... Mistral se remit sur pied en boitant, mais il n'en fut pas de même du courageux sauveteur, gisant inanimé sur les roches, tout pâle, avec un flot de sang qui lui jaillissait des lèvres.

Le danger disparu, la foule s'approcha pour voir et fit cercle autour de l'homme tombé.... C'était un jeune garçon imberbe, d'une vingtaine d'années au plus. Sa fine chemise de batiste, déchirée par endroits, laissait voir une poitrine toute blanche, labourée de sillons rouges, et les tempes saignaient sous les cheveux blonds agglutinés. Ses yeux fermés devaient-ils se rouvrir? Le cœur, interrogé, répondait encore par de faibles battements. On lui jeta de l'eau de mer au visage, mais en vain. Rien ne put le faire revenir de son évanouissement.

Deux douaniers, accourus en hâte, le couchèrent sur un brancard, pour le transporter, avec des précautions infinies, jusqu'à la petite auberge dominant la hauteur. Un lit de sangle y fut provisoirement disposé.

Quel était ce pauvre garçon? Personne ne le connaissait parmi les gens du pays. Tout ce qu'on savait de lui, c'est qu'arrivé seul depuis trois jours par le vapeur de Bordeaux, il avait loué pour la saison un chalet à Saint-Palais-sur-Mer. Comme signalement, pantalon gris, cravate de foulard et jaquette bleue ... le vent de la côte avait emporté son béret. Sur lui ni montre ni portefeuille, pas même une simple carte de nature à éclairer sur son identité.

Le docteur Laborde, mandé d'urgence, n'arriva que deux heures après l'accident. Thérèse, inquiète et surprise, encore pâle de sa chute et toute émue du danger que le jeune inconnu avait couru pour elle, était restée à son chevet.

Dans l'attente, et durant deux mortelles heures, elle put contempler à son aise et envelopper de tous ses regards ce jeune et courageux garçon, immobile et les yeux fermés, et qui semblait endormi de son dernier sommeil.

Plus elle le contemplait et plus elle croyait retrouver en lui une vague ressemblance avec quelqu'un ... vu autrefois, mais à une époque très lointaine qu'elle ne pouvait préciser.... A qui ressemblait-il? Était-ce une hallucination de son pauvre cerveau troublé? Il y avait là quelque chose d'étrange, de mystérieux et de voilé comme l'implacable destin antique. Elle n'osait s'arrêter sur une telle pensée et frémissait de se répondre à elle-même.

Enfin le docteur Laborde arriva. Il commença par faire sortir tout le monde, même Thérèse qui dut s'y résigner, et ouvrit toute grande l'unique fenêtre pour faire affluer l'air vif du dehors.

Puis il mit un petit flacon sous les narines du malade, qui aspira longuement et rouvrit enfin les yeux.

Il voulut parler, mais sans pouvoir articuler aucun son; la voix expira dans sa gorge.

Le docteur l'ausculta, épongea ses plaies, les recouvrit de bandelettes, mit un doigt sur ses lèvres pour lui imposer un silence absolu et ordonna une potion calmante pour la nuit.

A Thérèse anxieuse qui attendait sa réponse:

—La convalescence sera longue peut-être dit-il, mais je réponds du malade. Aucun organe essentiel n'est sérieusement intéressé.... Pas de lésion interne.... Nous le sauverons. Mais que personne ne le fasse parler. Pas un mot. Demain, de très bonne heure, je serai là, et dans trois ou quatre jours nous pourrons le transporter dans un bon lit.

Sur ces entrefaites, Me Guérineau, en quête de toutes les nouvelles, était survenu. Il avait pris des informations. Cet intéressant jeune homme, objet de l'attention publique, si rapidement éveillée, avait loué pour toute la saison le chalet des Grèves, à Saint-Palais-sur-Mer.

Il demeurait à Bordeaux, quai des Chartrons.... Orphelin de père et de mère, il n'avait pas encore vingt et un ans, et ses tuteur et subrogé-tuteur veillaient à son immense fortune, en attendant sa majorité.

—Et son nom? dit vivement Thérèse.

—Henri Paulet, votre jeune beau-frère.

La ressemblance qui l'avait frappée s'expliquait naturellement.

—Et comment se fait-il que je ne l'aie jamais vu ni connu jusqu'à présent? reprit-elle comme se parlant à elle-même.

—Par une raison bien simple, reprit l'avocat.... Il voyageait dans l'Amérique du Sud à l'époque de votre mariage ... et, depuis, les circonstances dans lesquelles vous auriez pu le connaître ne se sont pas présentées.... Depuis votre deuil vous avez toujours vécu dans l'isolement, en recluse, absolument retirée du monde ... et vos deux familles sont restées comme étrangères l'une à l'autre....

—C'est singulier, reprit-elle ... et lui sans doute ne sait pas sans doute qui je suis ... et ne connaît pas le moins du monde la femme qu'il a sauvée.

—Nous le saurons bien dans quelques jours, répondit sentencieusement Me Guérineau, puisque le docteur nous affirme sa guérison prochaine. Dans tous les cas, l'incident n'en serait pas moins curieux pour des reporters ... mais je reste bouche close pour tout ce qui intéresse votre chère famille.

Malgré les prévisions du docteur et ses potions calmantes, le malade eut fièvre et délire deux jours et deux nuits, tantôt les yeux grands ouverts et prononçant des mots incohérents d'une voix à peine perceptible, tantôt retombant dans une prostration profonde et dans une somnolence comateuse prolongée d'assez mauvais augure. Enfin, au lever du troisième jour, on vit apparaître dans son regard quelques lueurs de raison et dans son état général un vrai retour à la vie normale.

Le docteur, anxieux, malgré son calme apparent, épiait de tous ses regards la renaissance tardive de son précieux sujet, observant les phases diverses de son retour à la vie.

Quand le malade rouvrit enfin les yeux, étonné de se voir dans une chambre d'auberge, cherchant à se rendre compte de son entourage, et comme mal réveillé d'un mauvais rêve, Thérèse, à son chevet, soufflait sur une tasse de tisane un peu chaude et attendait l'ordre du médecin pour la présenter.

Mais le malade, peu soucieux du breuvage, les yeux obstinément fixés sur la belle et sombre veuve, buvait simplement la femme du regard.

—C'est bien moi!... Sauvée, grâce à vous, dit Thérèse.

Puis, rapprochant la tasse:

—Allons, prenez, fit-elle d'une voix caressante et quasi-maternelle, mais impérieuse dans sa prière, comme si elle parlait à un enfant.

Il but d'un trait et remercia en baissant la tête. Puis, comme fatigué d'un premier effort, et doutant de la réalité, il referma les yeux et retomba sur l'oreiller comme pour retrouver en songe une apparition trop prompte à s'évanouir.

Le docteur crut comprendre alors que le pauvre garçon avait reçu en plein cœur une de ces rudes atteintes que les médecins terrestres ne guérissent pas.

—Diantre! pensa-t-il à part lui, ce cas pathologique échapperait à mon ministère.

Dès que le malade fut bien couché dans un grand lit horizontal, au chalet des Grèves, sa convalescence fut beaucoup plus rapide qu'on ne l'avait d'abord supposé.

On avait fait venir de Bordeaux une vieille servante de la maison, du nom de Rosalie, portant la grande coiffe des filles de Marennes, et qui veillait, comme un vrai garde du corps, près du malade qu'elle avait connu tout enfant.

Si jamais convalescent fut choyé, soigné, dorloté comme un vrai fils de prince, ce fut assurément le jeune héros de cette aventure.

Le chalet des Grèves n'était pas éloigné du chalet des Pins, où demeuraient Thérèse et sa mère; et d'autre part la famille Verdier et celle du docteur s'étaient installées, d'un commun accord, au chalet des Bruyères, avoisinant la Conche de Vaux.

Quant à Me Guérineau, pour garder, disait-il, sa pleine liberté d'envergure, il était tout simplement à Royan même, à l'hôtel de Bordeaux, mais tous les jours un panier de louage le ramenait aux chalets amis, où les familles en villégiature de mer continuaient assidûment leurs relations de bon voisinage.

Grâce à la parenté désormais reconnue des familles, il n'était pas rare de voir réunies dans la chambre du malade, mais parlant à voix basse et à phrases décousues, Thérèse et sa mère en compagnie de Mmes Verdier et Laborde, occupées à divers ouvrages d'aiguille ou de crochet, et menant à bonne fin ces menus chefs-d'œuvre de dessin et de couleur qui révèlent à la fois la patience et l'esprit des petits doigts féminins, pour la plus grande joie des heureux à qui les cadeaux sont destinés.

Un matin que le docteur, après sa première visite, avait bien auguré de la journée et permis au convalescent de causer un peu plus que d'habitude, Thérèse se trouva quelques instants seule avec lui....

Sur un pliant, assise au pied du lit dont les rideaux étaient relevés et continuant son travail de tapisserie (un grand vulcain, papillon rouge et noir, épanoui sur une branche de tilleul), elle travaillait avec recueillement, les yeux baissés sur son aiguille, tandis que lui (qu'elle croyait assoupi) la regardait fixement avec une douceur infinie.

Bientôt ce regard pesa sur elle dans un silence embarrassant qu'elle voulut rompre.

Elle se leva vivement, sous prétexte d'arranger les oreillers, qu'elle tassa d'une main rapide en se rapprochant du malade.

Lui continuait à la contempler, mais sans mot dire, comme si le bruit d'une parole eût brisé le charme de ses pensées.

❦

II

C'était par une chaude journée de juillet, exceptionnellement calme.

Par la haute fenêtre, ouverte sur un ciel d'un bleu profond, les effluves résineux des pins se mariaient au parfum de girofle des oeillets sauvages.

Et tandis que la mer invisible continuait sur les plages le bruit cadencé de sa basse continue, les notes égrenées d'un piano lointain laissaient monter par intervalles un vague souvenir de berceuse à l'oreille du convalescent.

—Puisque le docteur vous permet aujourd'hui de causer un peu, dit Thérèse, permettrez-vous à une curieuse, indiscrète peut-être, de vous demander quelque chose?

Il inclina la tête en signe d'assentiment.

—Quand vous vous êtes jeté si bravement à la tête de mon cheval, me connaissiez-vous déjà?

—J'ignorais qui vous étiez et je ne sais pas encore votre nom.... Puis-je enfin le savoir?

Elle ne répondit pas directement et continua d'interroger.

—Et vous ne m'aviez jamais vue avant ce jour-là?

—Oh! si ... une fois ... une seule....

—Où donc? et à quelle époque?

—A Bordeaux, il y a quelques jours ... au quai d'embarquement, quand vous y êtes passée pour prendre le vapeur de Royan.... Et, depuis ce jour-là, je n'ai eu qu'une pensée, vous revoir.... Dès le lendemain, je suis parti pour vous rejoindre, espérant bien vous rencontrer tôt ou tard sur les plages, mais vous restiez invisible, cachée à tous les yeux. Je suis allé partout, à Saint-Georges, à Pontaillac, à la pointe de Grave, mais en vain.... Ce n'est que le jour où vous avez failli vous briser sur les roches que j'ai pu vous revoir et vous sacrifier ma vie.... Car, vous n'en doutez pas, je vous suivais si vous aviez roulé dans l'abîme....

Et un sourire d'une joie profonde éclaira son visage.

—Ah! fit Thérèse toute surprise, mais d'une voix très calme cependant.

—Et maintenant, reprit-il, puis-je enfin savoir votre nom?

Il avait osé prendre une de ses mains dans les siennes ... il ajouta:

—Puis-je savoir si votre main est libre?

Il attendait sa réponse avec une anxiété fiévreuse.... Elle hésita quelques secondes; mais, comprenant qu'il était impossible de garder le silence plus longtemps, elle répondit d'une voix lente et grave:

—Vous avez sauvé votre belle-soeur.... Mme Georges Paulet ... la femme de votre frère ... sa veuve aujourd'hui.... Elle vous en gardera une éternelle gratitude....

Cette révélation inattendue fit au pauvre malade une impression profonde ... une vive rougeur empourpra ses joues, envahies presque aussitôt d'une pâleur mortelle. Il resta longtemps sans pouvoir prononcer une parole ... sa main avait abandonné celle de Thérèse.

Cette fatale réponse l'accablait....

—Ah! pourquoi m'a-t-on fait revenir à la vie? murmura-t-il enfin, comme se parlant tout bas à lui-même.... Mieux eût valu mourir et ne jamais rien savoir.

L'arrivée de Mmes Verdier et Desmarennes vint à propos faire diversion à la scène douloureuse, et bientôt la conversation habituelle à voix basse reprit son allure générale autour du malade qui, dans sa prostration, semblait sommeiller, étranger désormais à tous les bruits du monde.

Le docteur, comme de coutume, revint dans la soirée, et fronça le sourcil en interrogeant le pouls de son malade. Il constata de la fièvre, une vive agitation cérébrale, et recommanda expressément de le faire moins causer le lendemain; même pas du tout, si faire se pouvait.

—Pour une première fois, il aura beaucoup trop parlé, pensa-t-il.

Quoi qu'il en fût, les jours suivants, le calme parut se rétablir graduellement, et grâce à de sages ordonnances, régulièrement exécutées, la convalescence marcha vite, la jeunesse reprit ses droits, et dans la quinzaine Henri Paulet put faire à pied sa première promenade.

Ces premiers jours où il renaissait à la lumière et à la vie, au bord de cette grande mer variant d'aspect à chaque heure, tantôt verte et blanche sous l'écume des lames, tantôt bleue comme un saphir et aplanie comme un lac, ces premiers jours furent pour Henri Paulet une longue série d'enchantements.

Bien qu'il n'eût que trop clairement compris, aux paroles graves de sa belle-soeur, que tout espoir d'un amour partagé lui était absolument interdit, il n'en restait pas moins sous l'impression d'une joie profonde, dont il ne se rendait pas compte et qu'il ne cherchait pas à analyser.

Il pouvait au moins voir Thérèse presque à chaque heure du jour; il marchait près d'elle, lui parlait, s'enivrait de sa voix et de son regard, vivait dans l'air qu'elle respirait, et sentait parfois son petit bras nerveux et volontaire s'appuyer résolument sur le sien aux passages difficiles creusés dans le roc ou dans les sables.

Il tressaillait de tout son être au frôlement de sa robe, ou quand sa chevelure dénouée le frappait en plein visage dans un brusque soubresaut des rafales marines.

Fils d'une blonde Norvégienne de Drontheim, morte en lui donnant la vie, ce fin garçon, aux longs cheveux ambrés et à l'oeil vert de mer, réalisait sous le ciel du Midi un des types les plus purs des races primitives du pays des neiges. Sa mère lui avait, assurément, légué quelque chose de sa grâce native et de sa fière beauté sauvage. Son profil presque droit, intelligent et grave, révélait à la fois énergie et douceur. Près de Thérèse, il cheminait à pas recueillis, comme dans un immense et lumineux décor de féerie. On eût dit qu'il marchait dans un paradis terrestre.

A la place de Thérèse, il eût fallu être aveugle et sourde pour ne pas s'apercevoir à chaque instant de cette muette et folle adoration, de cette passion toute juvénile, si discrètement voilée dans son intensité.

Bien des femmes voisines de la trentaine, dans le charme souverain de leur beauté mûrissante, éprouvent une étrange douceur câline à se laisser franchement idolâtrer par un tout jeune homme aux impressions neuves, dont le premier amour s'éveille comme un orage de printemps, dans un ciel de lumière et de parfums. Il n'en était pas ainsi de Thérèse; c'était même bien différent pour elle. Non choquée assurément, mais toute surprise de cette brusque éclosion d'amour, elle en eut d'abord un frémissement douloureux, comme une espèce de commisération maternelle, à l'égard d'un enfant malade, inconscient et irresponsable; mais elle n'en fut pas émue plus que de raison pour son propre compte, et resta absolument étrangère à toute pensée d'amour. Dans son pauvre coeur, encore tout meurtri de son deuil, une image inoubliable vivait enchâssée profondément; aucune autre ne pouvait y pénétrer. Il n'y avait pas deux ans qu'elle était veuve.

Que de fois, dans le silence et l'obscurité des nuits, n'avait-elle pas eu de chères et douloureuses apparitions, qui, de leurs sources profondes, faisaient jaillir des torrents de larmes!

Même longtemps après son réveil, elle croyait encore à la réalité de ses visions trompeuses, et parfois refermait les paupières en essayant de renouer ses rêves.

Quand le jour brumeux du matin éclairait, vaguement autour d'elle les rideaux, les tapis et les meubles, tristement accoudée sur l'oreiller, elle avait peine à croire qu'elle était définitivement seule, ouvrait tout grands ses yeux fixes et tendait l'oreille, se demandant si Georges ne reviendrait pas rouvrir sa porte et répéter ce cher petit nom de Mésange qui remuait si délicieusement toutes les fibres de son coeur....

—Qui sait? se disait-elle; il aura été mal enterré peut-être ... et précipitamment. Nous avons eu l'extrait mortuaire, c'est vrai ... mais on n'a pas rapporté le corps.... Je n'ai pas vu de mes yeux, touché de mes deux mains ses plaies glorieuses dans une horrible certitude.... Quand il est tombé sur le champ de combat, qui donc l'a ramassé?... On ne sait. Nous n'avons eu aucun détail précis à cet égard. Le doute est permis. Baptiste l'a vu tomber, assure-t-il; mais, frappé presque aussitôt lui-même, il n'a pu voir qui l'avait relevé.... Et que s'est-il passé depuis?... Une erreur est possible, dans le pêle-mêle et le grand désordre qui suit une retraite après les batailles....

La pauvre femme revenait souvent à ces pensées tristes et mornes, qui troublaient à la fois sa tête et son coeur, tandis qu'elle cheminait près de son jeune beau-frère, Henri Paulet, que berçaient encore toutes les illusions de son âge.

Certes, pour ce brave enfant qui s'était spontanément dévoué pour elle, elle ressentait une gratitude infinie. Bien que simple femme, elle était de force à lui rendre la pareille si l'occasion s'en présentait.... En temps de guerre et d'épidémie, sous la tente du soldat ou sur un lit d'hôpital, elle l'eût soigné avec l'abnégation absolue d'une vraie soeur de charité, mais il ne fallait pas lui demander autre chose.... Aucune pensée d'amour ne pouvait trouver place dans un coeur qui ne lui appartenait plus; où veillait, sans jamais s'éteindre, un religieux et fervent souvenir.

Au cours de ces longues promenades quotidiennes, elle, la femme reconnaissante, et son jeune beau-frère, ébloui de sa beauté, cheminaient dans la vie, côte à côte, pour ainsi dire, mais se trouvaient fatalement sur deux lignes parallèles, pouvant aller jusqu'au bout du monde sans jamais se rencontrer.

Ces excursions de famille, où se trouvaient souvent réunies Mmes Desmarennes, Laborde et Verdier, étaient toutes naturelles en villégiature de mer; aux yeux du monde le plus strict et le plus scrupuleux, il n'y avait absolument rien à dire. Il n'en est pas moins vrai qu'on en jasait déjà depuis quelques jours. Les commentaires allaient leur train de Pontaillac à Saint-Georges. Les gens les mieux informés prétendaient que le jeune Henri (et à ce nom ils fredonnaient un air de chasse de l'Opéra-Comique), le jeune Henri devait bientôt consoler la belle veuve, en essuyant ses dernières larmes; tandis que les robes noires étaient mises au crochet de l'oubli, les toilettes bleues et roses allaient donner du travail aux couturières de la contrée.

Un simple télégramme de quelques mots vint brutalement couper court à tous ces bruits, et briser pour le pauvre amoureux le fil d'or des enchantements.

Le télégramme était ainsi conçu:

«Saint-Christophe.—M. Desmarennes très mal.... Vous demande.

«Signé: BAPTISTE.»

On fit en hâte malles et paquets, et le soir même Mme Desmarennes et sa fille prenaient le chemin de fer par la ligne de Pons.

Elles étaient déjà casées dans leur compartiment, et le sifflet de la locomotive avait donné le premier avertissement du départ, lorsque Henri Paulet, debout sur le marchepied du wagon, demanda à Thérèse d'une voix émue:

—Me sera-t-il permis de venir à Saint-Christophe prendre des nouvelles de M. Desmarennes, et de vous revoir bientôt?

—Assurément, répondit Thérèse. Vous êtes de la famille.... Notre maison sera toujours la vôtre.

Mais ces quelques mots furent prononcés lentement, d'un ton grave et solennel qui disait absolument le contraire des paroles et ne laissait aucune place à l'espérance.

III

Mais revenons à Saint-Christophe, où depuis bientôt deux mois, en l'absence de sa femme et de sa fille, Guillaume Desmarennes se trouvait seul dans une maison vide qui lui semblait bien grande.

Racontons simplement ce qui s'était passé. On a beau dire: «Menteur comme un proverbe,» un désastre n'arrive jamais seul. Quand la série noire commence pour une famille, la pauvre famille est bientôt prise de vertige dans l'engrenage sinistre des fatalités, surtout à l'époque des grandes crises politiques, que suivent les crises financières.

1870 et 1871 furent de terribles années; dans le désarroi général des affaires, commerciales et industrielles, plusieurs banques sautèrent dans les principales villes du département.

Une banque qui saute fait sauter les autres ... comme les moutons de Panurge. L'exemple est contagieux. Desmarennes y avait déposé une partie de sa fortune. Il en fut pour une perte sèche de trois cent mille francs.

D'autre part, la concurrence des blés d'Amérique et de Russie, les arrivages de New-York et d'Odessa, cotés à des prix inférieurs, réduisirent presque à rien la vente de ses farines.

Pour comble de calamités, à l'ancien oïdium de la vigne avait succédé un fléau bien autrement terrible. Le phylloxéra avait envahi presque tous les plants de la contrée. Les vignes offraient un spectacle navrant: sur les belles collines pierreuses, ensoleillées, où, les années précédentes, pampres, vrilles et sarments s'enchevêtraient à embarrasser le pied des chasseurs, on ne voyait que des orties et des ronces, autour d'un cep noir atrophié, comme s'il était brûlé par le feu du ciel.... Tout était mort sur pied.... Il n'y avait plus qu'à arracher. Les vignerons se chauffaient avec le bois de leurs vignes. Et il ne fallait pas songer à ensemencer autre chose sur des champs de cailloux. La vigne, heureuse autrefois, y trouvait assez d'humus pour croître et multiplier.... Mais blé, luzerne ou maïs, rien n'y serait venu.... Autant de propriétés perdues, pour longtemps du moins.

Accablé par ces trois désastres successifs, Desmarennes n'y tint pas. Bien qu'il fût solide de corps et qu'il passât à bon droit pour avoir une des fortes têtes du pays, le coup fut trop rude ... et quand Baptiste envoya son télégramme à Royan, Desmarennes venait d'être frappé d'une première attaque de paralysie (une hémiplégie bien caractérisée). Il s'en était remis pourtant et commençait à recouvrer l'usage de sa jambe et de son bras droit, quand Thérèse et sa mère revinrent à Saint-Christophe.

Elles avaient pris toutes leurs précautions pour ne rien brusquer, et fait annoncer leur arrivée par avance, comme si elles revenaient d'elles-mêmes, sans avoir reçu le télégramme.

Quand elles entrèrent chez Desmarennes, elles le trouvèrent, non pas étendu, mais échoué dans son grand fauteuil à oreillers, l'oeil fixe et les deux pieds sur les chenets de sa haute cheminée, où la cendre rouge achevait de s'éteindre.

Après une première scène de larmes et d'embrassements:

—Père, étant malade, dit Thérèse, pourquoi n'avoir pas fait écrire? Nous serions revenues depuis longtemps.

—Je craignais de vous attrister là-bas par de mauvaises nouvelles. Il est toujours assez tôt pour les savoir.

Et il leur raconta une partie de ses grandes pertes financières, sans oser leur tout avouer, de crainte de leur porter un coup trop terrible d'abord, ou gardant peut-être encore à part lui quelques lueurs d'espoir jusque dans l'abîme.

Grâce à sa constitution robuste, revenu assez promptement de cette première attaque, il se levait, marchait, vaquait encore comme d'habitude à ses affaires, mais ce n'était plus le même homme. Quel changement en si peu de jours! Il n'était plus que l'ombre de lui-même. —Il avait l'oeil éteint, les orbites creux; ses belles joues fleuries, d'un rose vif autrefois, n'offraient plus qu'une graisse molle et jaunâtre; ses larges pantalons flottaient sur des jambes amaigries et vacillantes; son riche abdomen avait effacé sa rondeur; et, signe caractéristique de mauvais augure pour un paysan de Saintonge, la rôtie au vin blanc sucré du matin n'avait plus de saveur pour son palais et lui semblait fade comme de l'eau claire.

Chaque jour le pauvre homme se retirait de bonne heure dans son cabinet de travail et ne causait plus. Comme absorbé par une idée fixe, il se parlait tout bas à lui-même. Chez les êtres sanguins où l'afflux du sang au cerveau est rapide comme un coup de fouet, il n'y a pas loin du projet à l'exécution. Thérèse et sa mère redoutaient quelque chose.... Toutes deux étaient dans les transes.... Desmarennes n'avait plus foi dans son étoile, et bien souvent les pauvres femmes, sans ouvrir les lèvres, échangeaient un rapide regard qui traduisait leurs communes pensées:

—Surveille bien ton père, disait Mme Desmarennes.

—Ne le perds pas des yeux, disait Thérèse.

Quelques jours après le départ de Mme Desmarennes et de sa fille pour Saint-Christophe, toute la colonie voyageuse de Royan, Verdier, Laborde et

Guérineau avaient quitté les bains de mer pour rentrer dans leur bonne petite ville et reprendre, à leurs foyers respectifs, le train habituel de leurs affaires.

Disons de suite, pour ne pas l'oublier, que Mme Verdier, la femme du notaire, avait, au retour, fait à Thérèse un tableau navrant du pauvre Henri Paulet, inconsolable de son brusque départ et rentrant seul et désespéré dans sa grande ville de Bordeaux, où il emportait en plein coeur l'image de Thérèse oublieuse. Thérèse était beaucoup trop sévère pour lui, pensait et disait Mme Verdier d'un air et d'un ton de reproche.

C'était une excellente petite femme que Mme Verdier, plutôt blonde que brune, sans caractère bien accusé, mais, bienveillante et potelée, adorant son mari et ne s'en cachant pas,—n'ayant pas eu d'enfants, mais aimant avec frénésie ceux des autres. Elle eût donné une partie de sa fortune pour faire des heureux. Il y a peut-être peu de femmes comme elle, mais il y en a, fort heureusement, et leur aspect vous console des types rêches qu'on rencontre trop fréquemment dans les ornières de la vie.

A l'encontre des égoïstes, dont le bonheur est fait du malheur d'autrui, elle était surtout heureuse du bonheur des autres.—Elle avait très sincèrement pris part à la douleur vraie d'Henri Paulet, et tout naturellement fait de son mieux pour le consoler, lui disant d'espérer quand même ... que peut-être tout n'était pas définitivement perdu.... En attendant, elle l'avait autorisé à lui écrire, et avait promis de lui répondre.

Quant au docteur Laborde, il avait un peu rassuré Mme Desmarennes sur l'état alarmant du chef de la famille.

—Ne soyez pas trop inquiète, avait-il dit; il est promptement revenu d'une première attaque, ce qui nous offre un signe rassurant; une seconde n'est pas à craindre de si tôt, et vous savez qu'il n'y a que la troisième qui soit vraiment dangereuse. Une bonne hygiène, des ménagements, des précautions, pas d'émotions trop vives. On peut durer longtemps dans ces conditions-là.

Evidemment; mais le programme du docteur n'était pas facile à réaliser après les désastres financiers qui avaient si rudement frappé le pauvre homme. Le malade avait des hauts et des bas, comme on dit: tantôt des jours de profonde accalmie, tantôt des jours sombres où les pensées noires tournaient et retournaient dans sa grosse tête troublée, comme de mauvaises graines aux cribles de ses moulins.

Un matin d'orage, après une nuit d'insomnie, Desmarennes, sous prétexte de grande fatigue et de manque absolu d'appétit, ne descendit pas déjeuner.

Il resta dans sa chambre de travail, où il avait à répondre, disait-il, à de nombreuses lettres d'affaires en retard depuis longtemps.

Très inquiète, Thérèse veillait.

Desmarennes, se croyant bien seul, écrivait ... sans doute ses dernières volontés.

Thérèse entra sans bruit et se tint toute droite derrière le fauteuil de son père qui d'abord ne l'avait pas aperçue.

Mais en levant la tête, comme par hasard, en réfléchissant à une phrase qui n'était pas claire, il vit dans une glace latérale l'image de sa fille, immobile et blanche comme une statue.

—Toi, ma fille! dit-il d'une voix altérée où passaient des larmes.... T'avais-je appelée?

—Non, mais je suis venue de moi-même, mon père.... J'avais à vous parler de choses graves.... Avec votre consentement, je me remarie.

—Et qui épouses-tu?

—Henri Paulet, le frère ... de l'autre.

Elle n'osa prononcer le nom de Georges.

—Et l'autre, reprit froidement Desmarennes, tu l'as donc oublié?

—Vous êtes cruel, mon père.... Il n'est pas de ceux qu'on oublie ... mais laissons en paix ceux qui dorment.... S'il pouvait m'entendre lui-même aujourd'hui, peut-être m'approuverait-il.

—Ah! fit Desmarennes tout surpris, qui avait peine à en croire ses oreilles.

—Il n'y aura qu'un prénom de changé, continua Thérèse ... on m'appellera Mme Paulet, comme toujours.... Vous comprenez bien, mon père, que je ne puis rester éternellement veuve.... Autrefois j'ai fait un mariage d'amour; aujourd'hui je suis décidée à faire un mariage de raison.... Il vous faut une famille.... J'ai réfléchi mûrement ... je ne suis plus une jeune fille, mais une femme sérieuse....

Une vraie lutte de générosité s'engageait entre Thérèse et son père, dont les derniers doutes semblaient encore longs à dissiper.

—Mais enfin, reprit-il, je ne veux pas que tu te sacrifies....

—Ce n'est pas un sacrifice, mon père.... J'agis en femme éclairée ... et de ma pleine volonté.

—Alors tu l'aimes donc?

Elle hésita un instant devant le regard fixe de Desmarennes qui lui fouillait le coeur....

—Lui m'adore, répondit-elle enfin, et fera aveuglément tout ce qu'il me plaira de vouloir.

—Où donc l'as-tu si bien connu?

—A Royan-les-Bains, quelques jours après votre départ.... C'est un brave et digne coeur.... Il m'a déjà sauvé la vie dans ma folle équipée de cheval.... Et quant à vous, mon père, cette union assure une tranquillité parfaite à vos derniers jours.

Desmarennes, heureux et convaincu, ne résista plus ... un pâle sourire éclaira son visage depuis longtemps assombri.

Il embrassa éperdument sa fille, la prit sur ses genoux comme à l'époque où elle était petite enfant, et, riant et pleurant à la fois, l'enveloppa de ses baisers et de ses larmes.

Elle répondit d'abord à son étreinte, puis se dégageant et se levant toute droite:

—Mon père, là, dans la chambre à côté, ma mère aussi a quelque chose à vous dire.

Et après avoir poussé son père, presque fou de joie, dans les bras de sa femme, elle referma vivement la porte et se mit à fouiller précipitamment dans le tas de journaux et de papiers qui encombraient la table.... Elle y trouva ce qu'elle cherchait ... un revolver tout chargé. Elle ouvrit aussitôt la fenêtre et le jeta dans la rivière, profonde et noire en cet endroit, sous le grand rideau frémissant des trembles et des aulnes.

Comme elle redescendait au salon, elle trouva Mme Verdier qui l'attendait.

—Justement j'allais vous écrire, lui dit-elle. Vous arrivez à propos.... Mais qu'y a-t-il donc? Vous paraissez toute émue.

—Il y a vraiment de quoi l'être profondément, répondit-elle.... Voyez et lisez.

Et elle tendit à Thérèse une lettre d'Henri Paulet, reçue le matin même.

Cette lettre, succédant à plusieurs autres adressées à Mme Verdier, avait un caractère particulièrement funèbre.... Elle disait que, s'il ne recevait pas dans la semaine un mot de réponse lui donnant au moins quelques lueurs d'espoir, son parti était pris. Il était décidé.... Il allait entreprendre un très long voyage (sans fixer la contrée), mais le vrai sens de sa lettre était qu'il allait partir pour ces grands pays inconnus d'où personne ne revient.... Il n'y avait pas à s'y méprendre.

Cette pauvre Mme Verdier en était encore toute frémissante et se disposait, avec la persistance de son brave petit coeur, à plaider en dernier ressort la cause d'Henri Paulet, comme s'il se fût agi de son propre fils, quand Thérèse l'arrêta d'un geste et lui dit simplement:

—Chère madame Verdier, répondez-lui qu'il peut venir ... qu'il est attendu ... et faites-lui comprendre que désormais il lui est permis de tout espérer. Je serai sa femme.

Les préliminaires du mariage ne furent pas longs. Henri Paulet resta à Saint-Christophe un mois, à peine; puis toute la famille partit pour Bordeaux, où, le mois d'après, eut lieu la cérémonie, à trente lieues du grand parc où la première solennité s'était accomplie.

Ce soir-là, la nouvelle mariée se donna sans larmes, résolument, mais sans amour.

TROISIÈME PARTIE

I

Cette union n'en eut pas moins de très beaux résultats:

Deux bijoux d'enfants, de vrais chérubins.

A la fin de la première année, un garçon, que la mère nomma Georges.

La seconde année, une ravissante petite fille, baptisée du nom de Berthe.

Le garçon ressemblait, à s'y méprendre, au Georges tant pleuré, le premier mari.

La fillette était créée à l'image de son père, Henri Paulet.

Bien qu'aimant les deux à la fois, la mère adorait le garçon, le père idolâtrait la fille.

Les nouveaux époux vivaient presque toute l'année à Bordeaux, où ils s'étaient définitivement établis, mais pour complaire à Guillaume Desmarennes, dont la santé s'était peu à peu raffermie, tous les ans, dès la belle saison, vers la Saint-Jean d'été, à la récolte des foins, ils venaient passer un mois à Saint-Christophe.

Le beau-père aimait à revoir le cher pays de sa jeunesse et de son âge mûr, où, grâce à l'opulence de son gendre, tout avait repris un air de bien-être et de prospérité.

Le docteur Laborde continuait à soigner sa clientèle, dans sa bonne petite ville et aux environs.

Quant à Me Guérineau, qui n'aimait pas à vivre en désoeuvré, il avait rapidement augmenté sa réputation d'avocat et sa fortune, tout en restant garçon.

Un soir il avait travaillé plus tard que d'habitude, en compulsant ses divers Codes, tout en ruminant, dans son for intérieur, le pour et le contre d'une affaire litigieuse, embrouillée comme un écheveau de laine où une chatte aurait passé.

Désireux de n'ometttre aucun document de nature à l'éclairer sur le *quid juris* d'une question aussi grave, il avait pris sa grande échelle pour atteindre une *Revue encyclopédique des eaux et forêts*, juchée tout en haut de sa bibliothèque.

Il avait mis la main sur le dernier volume, en soufflant la poussière et secouant la reliure, quand d'un feuillet tomba, face contre terre, un petit portrait-carte, oublié là sans doute depuis longtemps.

Curieux de voir qui ce pouvait être, il redescendit vite et le retourna.

C'était son ami Georges Paulet, en costume de marin, qui lui souriait comme autrefois dans sa jeunesse et dans son bonheur.

—Ce pauvre Georges! pensa-t-il; assurément je ne l'avais pas oublié; mais comme le temps passe!... Six ans déjà!...

Après l'avoir quelques instants contemplée, il remit avec un soin religieux, dans un coin de son tiroir, l'image un peu effacée de son vieux camarade; puis, après avoir lu son article des «Eaux et Forêts», il monta tout songeur dans sa chambre à coucher.

Il avait déjà le cerveau noyé dans les brumes du premier sommeil, où s'entremêlaient vaguement des souvenirs du Code et de son ancienne amitié, quand trois coups frappés à la porte de sa maison le réveillèrent brusquement.

—Qui diantre peut venir à cette heure? On se trompe, je ne suis pas notaire, ni médecin.. On me prend pour Laborde ou Verdier.... Quand il s'agit des testaments ou des morts, on pourrait bien me laisser tranquille ... surtout moi qui plaide demain!

Comme on frappait de nouveau:

—Catherine, cria-t-il à sa vieille servante ... si tu n'es pas couchée, va donc voir qui ce peut être.

Catherine passa vite sa jupe, descendit en hâte et remonta presque aussitôt:

—Il n'a pas dit son nom, mais il me suit dans l'escalier.—C'est un vieil ami à vous, revenu d'un long voyage, et qui veut absolument vous revoir.

Me Guérineau ralluma sa bougie, se frotta les yeux, mais avant d'avoir pu reconnaître à qui il avait affaire, il fut enveloppé par deux bras convulsifs et étreint comme un frère par quelqu'un qui pleurait à chaudes larmes et n'avait pas la force de parler....

—Georges, dit-il enfin.... Tu ne me reconnais pas?

—Justement, je pensais à toi, ce soir même, répondit-il, mais je suis encore si mal éveillé, mon ami, et si brusquement surpris, que je doute encore si je dors ou si je rêve.

Et, mêlant le geste aux paroles, Me Guérineau se rhabilla vite, se jeta de l'eau froide au visage et vint se rasseoir avec Georges, près de la grande cheminée, en lui prenant les deux mains, tout en songeant aux vieilles légendes où l'on voit des morts qui reviennent.

La première question de l'avocat fut:

—Tu reviens de Saint-Christophe?

—Non.... C'est toi d'abord que j'ai voulu, voir.

—Alors, tu ne sais rien?

—Rien absolument.... Ma femme?

—Ah! mon pauvre ami!

—Morte?

—Non, grâce à Dieu.... Mais, depuis ton départ, que d'événements auxquels on ne s'attendait pas!...

—Tu crains de parler.... Ne me cache rien, je t'en supplie! apprends-moi tout, j'aurai la force de tout entendre.

—En vérité, je ne sais comment te dire.... C'est qu'il te faudra de la fermeté d'âme.

—Mais parle donc.

—Eh bien! ton beau-père, comme tant d'autres, ruiné de fond en comble, a failli perdre la raison ... et, pour lui sauver l'honneur, ta femme ... s'est remariée.

Georges gardait le silence, accablé de cette révélation.

Guérineau ajouta:

—Remariée à quelqu'un de très riche, qui lui donnait sa fortune et son nom.

Et comme il hésitait:

—Mais nomme-le donc! reprit Georges.

—Quelqu'un de ta famille....

—Qui?

—Ton jeune frère, qui déjà lui avait sauvé la vie en exposant la sienne.

Georges ne s'attendait pas à un coup si rude.... Après de muets et longs serrements de main, l'avocat essaya de lui expliquer, avec des précautions infinies, comment les choses s'étaient passées en son absence.... Il lui fit comprendre que tous l'avaient cru mort ... que Baptiste l'avait affirmé ... que l'extrait mortuaire avait été expédié en bonne et due forme ... que tous l'avaient sincèrement pleuré ... que, si elle n'avait agi que d'après les conseils de son coeur, Thérèse serait restée veuve ... éternellement veuve ... mais que, si femme propose, souvent les événements disposent.

Il lui raconta en détail les désastres financiers de Guillaume Desmarennes ... la crainte d'un suicide dans sa ruine et le dérangement momentané de sa raison ... que c'était simplement pour le sauver que sa fille s'était courageusement sacrifiée ... mais qu'elle était réellement restée veuve de coeur ... que ses deux enfants la rattachaient à la vie ... qu'il y en avait un surtout, le garçon, qui ressemblait à Georges, et qu'elle aimait jusqu'à l'idolâtrie ... que, du reste, ils ne vivaient plus à Saint-Christophe, mais à Bordeaux les trois quarts de l'année, loin des chers souvenirs qui parlaient encore trop cruellement au coeur de Thérèse.

Quand Georges eut longtemps pleuré, en essayant d'étouffer ses sanglots, pour faire diversion à sa grande douleur, l'avocat changea de ton brusquement, comme un maître du barreau chez qui l'éloquence du coeur n'est pas morte. A son tour, il pressa de questions son ancien camarade:

—Mais toi, mon ami, d'où viens-tu? Explique-moi ta résurrection.... Comment se fait-il que tu n'aies pas écrit, nous laissant six longues années sans nouvelles de toi? Pas un mot, pas une simple dépêche pour éclaircir ceux qui t'aiment.... C'est invraisemblable, et si je ne t'avais pas en ce moment bien serré dans mes deux bras, je douterais encore....

—L'histoire n'est que trop vraie et n'est pas longue à raconter.... Tu sais qu'à l'affaire du Bourget trois cents des nôtres sont restés.... J'étais tombé, n'espérant plus me relever....

—Nous l'avions cru, du moins....

—Quand l'ennemi, continua Georges, vint reconnaître les siens, enterrer ses morts et recueillir ses blessés, un major saxon, plus humain que les autres, constata que je respirais encore.... Il sonda mes plaies, put extraire la balle, et je fus emmené dans un convoi de prisonniers dirigé par voies rapides sur la frontière; je faillis rester en route de fatigue et d'épuisement; je faillis même être fusillé d'abord par quelques acharnés qui me disaient franc-tireur. Je ne savais pas un mot d'allemand ... je fus sauvé par un lambeau de mon uniforme, déjà tout en pièces, mais où restaient encore, fort heureusement, quelques boutons aux ancres marines. Mais quelles rudes étapes, mon ami! tantôt à pied dans la neige, tantôt à ciel ouvert dans les wagons à bétail. En Allemagne, les prisons, les forteresses étaient encombrées. Nous fûmes traînés de Magdebourg à Stettin et de Stettin à Dantzick.

—Mais qui t'empêchait d'écrire?

—C'est qu'à peine la frontière passée, malgré tout mon sang-froid, que tu connais bien, je ne pus me défendre d'un premier mouvement.... Pour nous faire marcher plus vite, un officier prussien m'avait touché d'un revers de sabre ... et je l'avais frappé.

—Eh bien?

—Eh bien! au lieu d'être passé par les armes, je fus condamné à dix ans de forteresse ... et au secret le plus absolu.... Ce qui t'explique mon silence.

—Mais alors, comment as-tu fait pour t'échapper?

—Par la providence du hasard.... Le gardien de la citadelle était un ancien troupier que je croyais ne pas connaître; mais lui m'avait reconnu et n'était pas un ingrat.

—J'ai peine à comprendre.

—Il avait servi en Afrique, au régiment étranger, et c'est à ma prière qu'un jour son capitaine avait levé une punition beaucoup trop sévère, injuste même, que lui avait infligée le sergent.... Il n'en fallait pas davantage ... le vieux troupier s'en est ressouvenu, et un soir j'ai pu trouver ouvertes les portes de ma citadelle.... Sous un faux nom, à bord d'un navire à blé faisant la traversée de Dantzick à la Rochelle, je suis parti ... et en mettant le pied sur la terre de France, ne sachant rien encore et n'osant pas écrire ... assailli d'ailleurs par de noirs pressentiments après une si longue absence, je suis venu directement chez toi ... voilà tout.... Et maintenant je pars pour Bordeaux.

—Pour Bordeaux, mon ami ... à cette heure de nuit?... D'abord c'est impossible ... et tu n'y trouverais sans doute personne en ce moment.... Partir pour Bordeaux, c'est bientôt dit.... Mais qu'y feras-tu?

Ton frère a sauvé Desmarennes de la ruine ... il l'a retiré de l'abîme quand il en touchait le fond ... tu te présentes ... je le veux bien ... ta seule identité constatée met à néant le second mariage ... soit ... mais elle n'en détruit pas les effets.... La loi protège l'union contractée de bonne foi ... (l'article du Code est formel).

Les deux enfants de ton frère sont à lui, bien à lui, devant hériter de sa fortune et de son nom ... il a droit de les garder.... Toi, tu reprends la femme; mais si on lui arrache ses enfants, que deviendra-t-elle?

Georges se taisait, dans une anxiété profonde.

—Si tu veux m'en croire, mon ami, reprit l'avocat, attends un jour ou deux.... Partir pour Bordeaux, ce soir, ne t'avance à rien.... Je réfléchis d'ailleurs que tu pourrais croiser la famille en route ... car nous sommes au 20 juin ... et c'est à cette époque que tous reviennent à Saint-Christophe....

Laisse-moi faire ... la nuit porte conseil.... Demain, nous trouverons quelque chose ... je m'entendrai avec Baptiste, ton ancien matelot....

—Ah! Baptiste! ce brave Baptiste!... Il est donc toujours là?...

—Oui, et logé dans le pavillon du parc. Mais j'y songe ... n'êtes vous pas de même taille?...

—A peu près.... Pourquoi donc?

—Cela nous servira peut-être. En attendant, repose-toi, mon ami; tu dois être bien las. Tu vois, c'est toujours ma chambre à deux lits d'autrefois. Depuis que tu as couché là (voilà six ans passés), personne n'y est venu. Tu seras chez toi; je suis sûr de Catherine pour la discrétion. Sois donc parfaitement tranquille, ta présence ici restera ignorée de tous.

Et, comme autrefois, les deux amis couchèrent l'un près de l'autre, mais agités bien diversement. L'avocat ne tarda pas à s'endormir en se disant qu'il est des situations bien étranges dans la vie!

Quant à Georges, malgré les grandes fatigues du voyage et son accablement moral, il ne fut vaincu par un lourd et douloureux sommeil que très avant dans la nuit.

Le lendemain, au grand jour, il n'était pas encore éveillé que Guérineau, déjà revenu de Saint-Christophe, ramenait Baptiste, qui montait pieds nus l'escalier pour ne pas faire de bruit.

—Tiens, le voilà qui dort, lui dit-il à voix basse. C'est bien lui.... Tu l'as vu.... Ne le réveillons pas.

Et quand ils furent redescendus, il donna à Baptiste, qui comprenait à demi-mot, toutes les instructions détaillées pour l'exécution du plan qu'il avait conçu.

—Georges et toi, reprit-il, vous êtes de même taille, ou peu s'en faut.... Tu m'apporteras un de tes costumes de matelot pour lui, et dès qu'il fera nuit, il t'accompagnera travesti pour n'éveiller les soupçons de personne. S'il y avait sur la route des curieux ou des indiscrets, tu dirais....

—Je dirais que c'est Étienne, un ancien gabier d'artimon à bord de l' *Hirondelle*, qui m'est venu voir en passant.

—Très bien! Tu comprends, il faut qu'on ne se doute de rien. Georges passera la nuit avec toi dans le pavillon et demain, dans la matinée, la famille.... Elle est revenue, m'as-tu dit?

—Oui, d'avant-hier, excepté M. Henri Paulet, retenu encore à Bordeaux deux ou trois jours pour ses affaires.

—C'est pour le mieux, reprit Guérineau. Demain, dans la matinée, la famille fera sans doute, comme d'habitude, une promenade sur la pelouse du parc.

—C'est probable.

—Alors, sans être vu, Georges pourra la voir.... Tout est bien compris, n'est-ce pas?

—Parfaitement.

Le rôle de l'avocat n'était pas sans difficultés.... Il sut pourtant mener à bonne fin l'exécution de son projet et dit à Baptiste en le congédiant:

—C'est entendu, pour ce soir, à la nuit tombante; tu viendras prendre ici ton commandant.

Quand Georges se réveilla, encore accablé de fatigue et de son lourd sommeil, Me Guérineau lui expliqua que la famille était revenue depuis deux jours à Saint-Christophe ... que s'il tenait à la voir sans être vu, il n'avait qu'à prendre le costume apporté par Baptiste, sans danger d'être reconnu, et à coucher le soir même dans le pavillon du parc ... que Baptiste était dans la confidence et qu'une discrétion absolue lui était assurée.

Dans ces grandes crises qui sont à la fois comme un naufrage du coeur et du cerveau, Georges se laissa faire comme un enfant dont la raison a besoin d'être guidée. Il partit le soir en compagnie de Baptiste et arriva à Saint-Christophe à nuit close.

Quand il passa comme autrefois sur le pont de la rivière, la fraîcheur de l'eau et le bruit du moulin lui causèrent une impression singulière ... et l'odeur des prés en pleine floraison, qui se mêlait au parfum des troènes et des chèvrefeuilles, le grisa de ses effluves capiteux. Quand il aperçut dans l'ombre sa maison, près de laquelle il passait comme un étranger, ce fut une terrible épreuve ... il s'arrêta un instant et s'appuya la main au coeur, comme pour en comprimer les battement....

—Allons, commandant, dit Baptiste à voix basse, du courage!

Il en fallait. Ils entrèrent dans le grand parc sans en faire crier les grilles et passèrent la nuit dans le pavillon.

Le lendemain, dans la matinée, entre neuf et dix heures, Baptiste lui fit signe de monter vite à la haute fenêtre du pavillon, d'où il pouvait tout voir sans être aperçu, à travers les minces lamelles d'une petite persienne fermée depuis très longtemps, et lui indiqua du doigt la pelouse verte, pleinement éclairée du soleil.

Il n'y avait encore personne, mais quelques instants après, Georges vit Desmarennes s'acheminer vers un des bancs de la pelouse.

Ses cheveux étaient tout blancs, mais encadraient encore de leurs belles touffes drues sa bonne et grosse figure épanouie, d'un rouge plus foncé.

Il tenait à la main une fille en robe blanche et à grande ceinture bleue, sémillante et vive comme une bergeronnette, qui se trémoussait en le suivant de ses petits pieds.

Desmarennes vint s'asseoir avec elle sur un des premiers bancs et lui passa les doigts dans les boucles de sa fine chevelure; puis, enlevant par la taille la petite coquette si richement habillée, il la fit retomber sur un de ses genoux, paraissant tout joyeux d'être inondé par le flot de dentelles, de gazes et de rubans qu'elle étalait à grand luxe autour d'elle.

Puis une femme apparut.... Thérèse.... C'était bien elle.... Elle marchait lente et grave, mais ne perdant pas des yeux un fort garçon de quatre ou cinq ans, qui venait d'entrer dans le parc en courant.

Il suivait un grand lévrier fauve qui gambadait autour de lui, parfois lui échappant d'un bond rapide, d'autres fois se laissant prendre et lui léchant les mains, puis filant droit comme un chevreuil.

Tantôt Thérèse se baissait pour prendre la tête de son fils et l'embrassait éperdument.

Tantôt elle l'arrêtait court, lui essuyait le front, et lui glissait inquiète une main entre les deux épaules, pour être assurée qu'il n'avait pas trop chaud, avec toute la sollicitude d'un geste maternel.

C'était bien elle ... telle que Georges se la figurait voir ... six années plus tard ... les joues encore pâles, mais le cou plus fort, des formes plus accusées, plus réellement femme qu'autrefois dans sa robe grise d'été.... Mais son regard était grave, et, malgré ses joies sérieuses de mère, on eût dit que ses lèvres étaient déshabituées de sourire.

Il y eut pour Georges un instant terrible.... Arrivée au bout de la pelouse, elle fit lentement des yeux le tour de l'horizon, et quand son regard fut en face du pavillon, elle leva la tête et fixa la haute fenêtre où il se trouvait.... Illusion poignante, bien qu'elle ne pût rien voir.... Une pensée d'autrefois, sans doute, lui était venue en ce moment, rapide comme l'éclair d'un souvenir.... Ce fut l'affaire d'un instant ... puis elle baissa la tête, et, toute rêveuse, elle continua sa marche en reprenant la main de son fils qui s'était rapproché d'elle et semblait inquiet de son rêve.

Tout le passé de Georges lui revint en mémoire comme un afflux de souvenirs débordants.... Tout ce qu'il peut y avoir de tempête dans un coeur gronda sourdement dans le sien, puis s'apaisa par degrés quand disparut cette femme recueillie, belle comme une sainte devenue mère, et qui ne souriait plus.

Georges comprit toute l'étendue de ses graves devoirs et s'inclina devant l'austérité du grand rôle maternel.

—Chère et noble femme! murmura-t-il dans ses larmes ... le coeur débordant d'un immense pardon.

La pensée ne lui vint pas de lui arracher ses enfants, ni de la prendre à son frère.

Il partit le soir même pour une destination inconnue.

Le secret fut rigoureusement gardé. Thérèse ne sut jamais qu'il était revenu.

~∾~

ALISE D'EVRAN

A Madame Clémentine Texier

Hommage de respect et de coeur

A. L.

I

Le vieux château de Rhuys ne s'était pas relevé de ses débris depuis le siècle dernier. Presque aux limites de nos deux plus belles provinces, dans cette région voisine de la mer, où l'austère Bretagne commence à se fondre dans la grasse Normandie, mais assez loin pourtant de nos lignes de fer et des grandes routes départementales, il était fort peu connu des archéologues, il y a quelques années. De rares paysagistes, marcheurs infatigables que rien n'arrête, savaient seuls qu'on trouvait là, dans un pli de vallée, trois fragments remarquables de l'architecture oubliée d'un autre âge: la haute arcade d'une chapelle antique, dont la courbe hardie était enveloppée de rosiers sauvages; un escalier tournant, vrai bijou d'orfèvrerie qu'un chèvrefeuille enguirlandait de ses fleurs, mêlées aux grappes vermeilles des viornes-obiers; escalier surpris de ne plus conduire nulle part, et dont la dernière marche tronquée s'arrêtait brusquement en plein ciel; enfin, une grande rosace intacte dans sa rondeur, dentelle de pierre brodée à jour, et suspendue par des points d'attache invisibles, comme une toile d'araignée gigantesque, entre deux massifs de hauts châtaigniers. Elle était absolument veuve de tous ses vitraux à riches enluminures, mais en revanche, laissait transparaître la rougeur des aurores et les adieux pourprés des soleils tombants. On eût dit que la nature et l'art s'étaient donné le mot pour faire un mariage pittoresque des plus heureux entre ces vénérables débris et ces luxuriantes floraisons.

A l'arrière-plan des ruines, sous le tapis vert mat des lentilles d'eau, de longs étangs dormaient à perte de vue entre d'interminables rangées de hêtres. La perspective avait quelque chose d'étrange, de féerique et de légendaire. On ne voyait jamais personne au fond des avenues, mais parfois deux sveltes amoureux, en robe fauve et lustrée, un chevreuil et sa chevrette, venus en curieux jusqu'au bord des anciennes douves, vous regardaient passer de leurs grands yeux naïfs, aussi tranquilles dans ce vieux parc oublié que sous les hautes futaies de la *Belle au bois dormant*.

Il existait pourtant dans la contrée un comte de Rhuys, de la vraie souche des anciens maîtres féodaux, mais ces ruines ne lui appartenaient pas, et jamais il n'avait pu racheter ces précieux souvenirs de famille.

C'était d'ailleurs un singulier personnage: A vingt-trois ans, après avoir achevé son droit à Rennes et commencé sa première année de stage à Paris, il ne put voir longtemps la majorité de ses collègues plaider le *pour* et le *contre* avec la plus scandaleuse indifférence: «Décidément, pensa-t-il, je ne veux pas vivre d'un métier pareil.»

Avec son intelligence et son nom, il eût pu prétendre à une position fort enviable dans la magistrature, mais à la condition d'être rivé du matin au soir sur le même siège, pour n'assister, en définitive, qu'au désolant spectacle de nos infirmités morales: cette honorable immobilité ne souriait pas à sa vive et franche nature expansive, impressionnable parfois jusqu'à l'invraisemblance. D'autre part, il se souciait médiocrement du régime militaire, et ne sentait en lui aucune vocation prononcée pour entrer dans les Ordres....

Il se trouvait donc étrangement dépaysé à notre époque essentiellement pratique, où il faut être classé, enregistré, étiqueté, numéroté, immatriculé, pour devenir quelqu'un ou quelque chose; à moins d'aptitudes industrielles ou commerciales de haut vol ou de grande aventure, grâce auxquelles, les affaires étant surtout l'argent des autres, on arrive à une fortune rapide ou au train *express* filant à toute vapeur sur la frontière du Nord.

Après avoir jeté sa toque et son rabat, notre gentilhomme s'en revint tout droit au petit bourg de Rhuys, retrouver la seule personne de sa famille qui lui restât encore au monde, la soeur de son père, une sainte et bonne vieille demoiselle qui, aux tristes jours de l'émigration, avait beaucoup souffert, beaucoup pleuré, beaucoup brodé, se perdant les yeux à cette ingrate besogne de fée. Plus tard elle était devenue aveugle tout à fait.

Quand elle entendit la voix de son neveu revenant, elle ne put d'abord en croire ses oreilles. Elle se leva en sursaut de son fauteuil; mais étant seule et ne pouvant prendre son élan dans les ténèbres, toute droite et immobile, elle attendit. Et quand elle put étreindre ce cher et unique enfant de son frère défunt, elle l'embrassa convulsivement, le toucha, le respira, se haussa sur la pointe de ses petits pieds pour mieux envelopper son cou de ses deux mains qui tremblaient, et resta longtemps sans pouvoir parler. Albert Rhuys la remit doucement dans son fauteuil, et s'agenouillant devant elle en lui baisant les mains:

—Bien-aimée tante Berthe, lui dit-il, ne soyez donc pas émue à ce point. Je reviens en santé, en très bonne santé, les joues rose vif comme une vraie pomme normande ... et rondes ... à y mordre de toutes vos lèvres.... Là ... recommencez ... Si j'ai quitté Paris brusquement, sans vous écrire, j'ai eu tort.... J'aurais dû vous prévenir!... Mais ... tenez ... j'aime mieux vous le dire tout de suite ... je ne veux être ni avocat, ni juge, ni commerçant, ni industriel, ni quoi que ce soit au monde. Après neuf ou dix ans de collège entre quatre grands murs, dix ans de prison qui vous ont coûté cher; après trois années de ma sèche école de droit, et presque six mois de stage, j'en ai assez, j'en ai trop de cette vie renfermée. Je n'aurais pas le courage de continuer mes jours dans un cabinet d'affaires ou l'enceinte mal odorante d'un tribunal. Je veux vivre enfin en liberté, au grand air, avec vous, ma tante chérie. Je viens vous revoir, pour vous entendre, pour vous aimer, car je ne vous ai ni assez vue, ni assez aimée jusqu'à présent. Nous avons trop vécu séparés l'un de l'autre. Il me tarde de réparer tant d'années perdues pour le coeur. Nous ferons tous deux, vous appuyée à mon bras, de longues promenades au soleil, qui ne vous fatigueront pas. Et le soir, aux veillées, je vous relirai lentement tous les beaux livres que vous préférez, tandis que vous tricoterez à l'aise vos petites jupes de laine pour les fillettes des pauvres gens. Et il nous restera encore de longs jours bénis à passer ensemble pour nous aimer.

La pauvre femme était folle de joie, et ne savait que répondre à tant d'affectueuses câlineries très sincères, échappées d'un coeur débordant.

Elle fut vraiment très heureuse d'abord, se laissant vivre sans arrière-pensée, et sentant remonter en elle comme une sève des vieux jours. Mais peu à peu les réflexions soucieuses reprirent le dessus. Elle gardait son idée fixe, se réservant tôt ou tard de remettre les arguments sérieux en ligne de bataille.

Par une singularité curieuse chez certains aveugles, malgré les rudes épreuves du passé, malgré l'affreuse nuit qui depuis vingt ans s'était faite autour d'elle, les pensées de Mlle Berthe n'étaient pas généralement tristes. Depuis longtemps résignée à vivre de prières et de recueillement, déshabituée de voir avec ses yeux réels toutes nos laideurs contemporaines, elle vivait réfugiée en elle comme dans une sainte chambre noire qui ne tamisait plus que les rayons d'or des beaux souvenirs. Il lui suffisait de regarder en elle pour y trouver toutes les richesses du monde intérieur. Sous son petit bonnet ruché, d'où s'échappaient quelques touffes de cheveux blancs, très doux à voir, son visage pâle à tons d'ivoire rayonnait d'une beauté surnaturelle. Certes l'âge y avait imprimé ses rides; mais irradiées et peu profondes, ces rides étaient belles: elles racontaient simplement toute une vie de sainte abnégation, d'humble héroïsme et de piété fervente.

Donc, un matin qu'Albert promenait Mlle Berthe, par un chaud soleil qu'elle n'apercevait plus, mais dont les rayons vivifiants passaient comme une caresse de velours sur ses paupières closes, presque heureuses ce jour-là, la petite vieille aborda résolument la question d'avenir:

—Mon cher enfant, réfléchis un peu.... Quelle figure feras-tu dans le monde avec nos cinq ou six mille livres de rente? Car, tu le sais, voilà tout ce qui nous reste.

—Mais j'espère bien ne pas faire trop mauvaise figure, reprit-il presque en riant. Ici, nous ne sommes pas à Paris; et d'ailleurs, vous devez me rendre cette justice, que je ne ressemble guère à l'Enfant prodigue; ce serait plutôt le contraire. Loin de vouloir m'échapper à tire d'ailes de mon cher coin natal, c'est toujours à contre-coeur, et pour vous obéir, que j'en suis parti ... et durant toutes mes absences, à mon gré beaucoup trop prolongées, je n'étais tourmenté que d'un éternel esprit de retour. Maintenant que me voilà revenu, je me trouve très bien ici. Pourquoi changer? Je n'aime pas le jeu, n'ai point la folle passion des voyages lointains, ni des toilettes extravagantes, toutes causes de ruine ... et il me semble que jusqu'à présent nous avons très bien pu faire face à toutes nos dépenses, et même au delà.

—C'est bel et bien pour le présent, reprit-elle, mais l'avenir? Je ne serai pas toujours là pour veiller à l'ordre de la maison, je me sens lasse, et peut-être le temps n'est pas loin.... où ... tiens ... j'ai froid rien que d'y songer....

—Il est encore loin, ce temps-là, grâce à Dieu, reprit Albert vivement. Pourquoi vous mettre en tête de ces idées noires? Vous marchez droit comme une demoiselle de vingt ans, les années n'ont aucune prise sur votre petit corps robuste, vous avez passé vaillamment l'âge des crises, et vous êtes au beau fixe de la vieillesse en fleur, qui vaut mieux assurément que les maturités chancelantes comme on en voit tomber tous les jours.

—Tu plaisantes, et tu détournes la question. Tu sais parfaitement ce que je veux dire, et tu fais la sourde oreille. Tu ne peux pourtant pas vivre seul, il te faudra tôt ou tard une femme à ton foyer ... quand je ne serai plus là.... Sans trop attendre ... lorsque tu voudras, tu pourrais fort bien....

—Négocier un mariage avantageux, n'est-ce pas? Ma foi, non, ce n'est pas là ma manière de voir.

—Tu ris comme un grand enfant des choses les plus sérieuses....

—Trop sérieuses, ma tante, beaucoup trop sérieuses pour moi.

—C'est donc bien effrayant qu'une belle et pieuse jeune fille, heureuse de porter notre nom, qui mettrait sa petite main blanche toute émue dans la tienne, en souriant de visage dans toute la grâce de son coeur? Sans courir bien loin, dans la contrée, il en est qui, sans être absolument très riches, te donneraient une aisance honorable; tu peux les voir, il en est de fort belles, dit-on, qui ne seraient pas fâchées d'être vues.... Tu connais les frères, les cousins les grands-parents, qui te feraient facilement accueil dans une partie de chasse, une promenade, aux bains de mer, quand tu voudras ... au lieu de vivre en sauvage, comme un ours.... Ma foi tant pis! le mot est lâché.

Mais le neveu restait inflexible sur le chapitre du mariage, il était encore bien jeune ... on avait le temps d'y songer ... sa trentaine n'était pas sonnée.... La pauvre vieille se demandait s'il était pétri d'un autre limon que les autres hommes, si jamais un regard de femme n'avait rien éveillé dans ce coeur dormant, ou si quelque passion profonde et cachée, quelque amour impossible, le rendait invulnérable à tout autre amour.... Enfin un jour, à bout d'arguments, buttée, perdant patience, Mlle Berthe lui dit à brûle-pourpoint:

—Fais-moi une promesse, Albert.

—Volontiers.... Laquelle?

—D'épouser la première femme qui te plaira réellement.

—Je le jure, mais à une condition....

—Dis.

—C'est que cette charmante personne voudra bien de moi....

—Assurément, répondit aussitôt Mlle Berthe. Elle serait donc bien difficile, murmura-t-elle tout bas; mais elle ne laissa rien voir de sa pensée, qui s'acheva dans un sourire intérieur.

II

Et n'allez pas croire qu'avec sa nature primitive un peu sauvage, Albert de Rhuys fût un rêveur de la famille des Obermann ou des René. Loin de là. Il n'avait absolument rien de ces grands mélancoliques incompris, disparus avec les derniers types du romantisme. Lui aimait sincèrement la vie dans la belle acception du mot; il admirait en toute sincérité les oeuvres du grand créateur inconnu; et, sans être précisément un artiste, il regardait de tous ses yeux les magnifiques paysages de mer et de grèves si fréquents aux dentelures des côtes bretonnes. Quant aux oeuvres humaines, il appréciait en connaisseur les pages émues de nos grands poètes contemporains, et vibrait de tout son être à une phrase musicale et profonde de Beethoven. En outre, si, comme orateur, il avait renoncé à donner de la voix dans la grande meute enrouée du barreau moderne, il possédait en revanche un fort bel organe de ténor pour redire à Mlle Berthe des romances et des légendes fleuries du vieux temps. Ajoutons que, se plaisant fort à la campagne, il savait faire oeuvre de ses dix doigts dans la vie pratique. C'était un disciple fort avouable de saint Hubert et de saint Pierre, ayant le coup d'oeil sûr et la main prompte pour abattre au vol une pièce de gibier. Sans être un pêcheur à la ligne, il savait à propos mouiller ses verveux sous les herbes en droit fil des eaux courantes et, quand il ramenait gravement son filet sur l'épaule, il n'y avait pas dans la Manche et l'Ille-et-Vilaine un garçon de moulin pour dessiner en rivière un plus beau rond d'épervier. Ces menus talents d'ailleurs ne servaient pas à un égoïste: s'il y avait une fête de famille, un baptême, un mariage parmi les pauvres gens du pays, on était tout surpris de voir apparaître une belle truite de roche ou une grosse carpe à miroirs, apportée sur la table par une main invisible, comme dans un conte de fées, sans oublier les perdreaux suivant l'ordre des saisons. Un jour la femme d'un sabotier, qui attendait la venue de son troisième enfant, fut prise d'une folle envie de canard sauvage, Albert en eut vent, courut à plusieurs lieues de là, tout près de Pontaubault, et s'enlisa jusqu'au jarret dans les *herbues* de la Sélune, à la poursuite d'un superbe col-vert qui avait sa charge de plomb dans l'aile; il y risqua sa vie, en fut quitte pour une belle fluxion de poitrine, bien caractérisée, mais la femme du sabotier mangea du canard sauvage. Notre singulier gentilhomme ne pouvant être l'oppresseur de vassaux qu'il n'avait plus, se contentait d'être adoré de ses voisins, qui le nommaient *Monsieur Albert*, tout court, résumant tous ses titres dans la noblesse de son coeur.

Il se laissait donc vivre depuis cinq ou six ans de cette bonne vie au grand air, vie rustique et bien employée, lorsqu'un soir il rentra chez lui tout désappointé, avec quelque chose de profondément triste dans la voix:

—Tante Berthe, vous ne savez pas?

—Qu'est-il arrivé, mon enfant?

—Je viens d'entendre un piano chez l'Anglais.

—Un piano chez l'Anglais? Impossible.

—A coup sûr ce n'est pas Germaine....

—Non, Germaine n'en joue pas.

Ici quelques lignes sont indispensables pour l'intelligence du récit, car il faut bien expliquer par quelles mains et quelles fortunes diverses avaient passé les débris du vieux château de Rhuys.

Il avait eu pour premier acquéreur, à vil prix, en 1795, un tonnelier de Vire, qui ultérieurement s'était arrondi de quelques-unes de ses dépendances, en prés, étangs et bois, pour revendre le tout d'un bloc à un marchand de bestiaux de Saint-Hilaire-du-Harcouët, lequel avait doublé son gain en cédant l'immeuble et les ruines à un notaire de Vitré, vers 1835, époque où, dans notre atmosphère poétique, le vent soufflait au moyen âge. L'heureux notaire, dans un rayon d'or de sa lune de sa miel, avait sérieusement parlé d'une restauration complète et définitive de l'antique manoir, mais, devant le devis monumental de son architecte, il avait demandé à réfléchir. Plus tard d'ailleurs, ses garçons grandissant, ses fillettes fleurissant, obligé de faire face aux dépenses du collège et aux frais du couvent, il avait renoncé, bien qu'à son grand regret, à tous ses rêves d'artiste. Comme ses prédécesseurs, il avait profité d'une fructueuse occasion pour se défaire de l'immeuble et des précieuses ruines en faveur d'un touriste du Cumberland, James Wilson, *esquire*, insulaire d'un blond fauve, garçon moyen, à qui sa fortune princière permettait de réaliser ses plus riches fantaisies; phtisique d'ailleurs à un degré suffisant pour que ses deux médecins lui eussent expressément ordonné un climat moins brumeux que sa Grande-Bretagne. Mais, aux premiers jours de novembre, il avait grelotté ... et déguerpi pour se rendre en Touraine. Ce jardin de la France se trouvant encore trop humide pour sa poitrine délicate, il s'était réfugié dans le Midi ... à Pau d'abord, puis à Grenade et enfin aux Canaries.... Il avait eu le temps d'enterrer ses deux médecins avant d'en être au dernier période de son affection, mais, depuis vingt ans, dans le bourg de Rhuys, personne n'en avait entendu parler, excepté son jardinier, constitué gardien des ruines, auquel il payait exactement de gros appointements trimestriels, mais avec défense expresse et réitérée de ne jamais laisser entrer âme qui vive dans les ruines, qui appartenaient, bien et dûment, à lui seul, James Wilson, *esquire*. Cette façon d'agir semblait peut-être un peu britannique, mais il en était ainsi; et, pour sa part, le jardinier était trop intéressé au respect de la consigne pour ne pas l'avoir scrupuleusement respectée.

Germaine était précisément la fille du jardinier chez laquelle Albert avait entendu le piano de la veille, exécutant pour la première fois, avec une verve endiablée, une grande valse de Strauss dans le silence des ruines. Fille unique, élevée dans un des meilleurs pensionnats de Rennes, Germaine faisait la pluie et le beau temps dans la maison paternelle, maison coquette et confortable, aménagée dans un coin des ruines, et tenant de la ferme, du cottage et de la villa, comme savent en construire nos voisins d'outre-Manche sur les vertes pelouses des îles anglo-normandes. Vive, alerte, spirituelle et pimpante comme nos fraîches soubrettes de l'ancien répertoire, Germaine était un des bons partis de la contrée (son père avait cumulé depuis vingt ans, comme jardinier-pépiniériste, gardien des ruines et maître meunier); mais les gros propriétaires d'herbages et les notables marchands de bestiaux du pays n'avaient pas encore osé se frotter à sa petite main blanche, effarouchés par ses airs de grande demoiselle, malgré sa joyeuse humeur et ses beaux rires d'argent clair. Ils comprenaient sans doute que la belle fille tenait son coeur et sa dot en réserve pour quelque jeune notaire bien propret en quête d'une étude, ou un substitut en passe de devenir procureur. A vingt ans elle se trouvait assez jeune pour attendre. Albert l'ayant connue tout enfant, avait gardé l'habitude de la tutoyer, et entrait familièrement dans la maison à toute heure. On s'y trouvait toujours enchanté de sa visite.

—J'en aurai le coeur net aujourd'hui même, se dit-il en se levant de très bonne heure après avoir mal dormi. Je veux avoir le secret de cette musique scandaleuse.

Et prenant son fusil, sous prétexte de battre les environs, tandis que sa tête battait un peu la campagne, il se mit à poursuivre un gibier fictif en attendant que Germaine eût ouvert ses fenêtres. Ce matin-là, les perdreaux lui partaient dans les jambes, il oubliait de les voir, et arpentait comme un fou les genêts, les bruyères et les champs de sarrasin. Il recommença trois ou quatre fois le tour de la maison en resserrant les cercles, comme s'il craignait d'arriver trop vite et d'apprendre trop tôt quelque fatale vérité. Il fit tant et si bien, qu'il était près de neuf heures quand il apparut dans l'avenue par une pluie battante, trempé jusqu'aux os, avec son feutre à bords pleurants, et son chien à l'arrière, la tête et la queue basses, tous deux en fort piteux état, et ne se doutant guère qu'ils servaient de point de mire (par une fenêtre entre-bâillée) à deux paires de regards féminins, fort beaux sans doute, mais très peu charitables dans ce moment-là: ceux de Germaine, d'une part, puis ceux d'une autre personne qui bientôt se présentera d'elle-même. Quand cette dernière entendit le pas du chasseur dans l'escalier, elle se glissa prestement derrière deux grands rideaux de percaline qui, tout au fond de la pièce, abritaient les robes de Germaine, et ramenant les anneaux sur les tringles, elle se blottit, en vraie curieuse qu'elle était, dans cette cachette improvisée, n'oubliant pas de s'y ménager une petite ouverture, dans le cas où il lui plairait d'y couler son oeil.

Le comte entra mouillé, soucieux et d'assez méchante humeur.

—Dieu! comme vous voilà fait, mon pauvre monsieur Albert, s'écria Germaine en joignant les mains et réprimant à grand'peine un sourire. Venez donc vous réchauffer.

Et jetant dans l'âtre une brassée d'ajoncs secs et de menues brindilles pétillantes, elle fit une large flambée au chasseur ruisselant.

—Il y a du nouveau, n'est-ce pas, Germaine? dit Albert anxieux, en apercevant un magnifique piano d'Érard, qui tenait toute la place entre la porte d'entrée et la première fenêtre.

—Sans doute, mais asseyez-vous d'abord, et commencez par sécher vos guêtres. Surtout ne regardez pas d'un air sournois ce pauvre meuble, qui ne vous a fait aucun mal. Cinq minutes plus tôt, vous auriez pu voir le musicien, la musicienne, veux-je dire. Elle sort d'ici.

—Ah! fit Albert sur le ton de la plus parfaite indifférence. Et l'Anglais?

—Il n'y a plus d'Anglais. Ce brave M. Wilson (que Dieu ait son âme originale!) ne voyagera plus dans notre monde. Il est parti pour le grand voyage. N'a-t-il pas eu la fantaisie de laisser par testament vingt mille francs à mon intention, quand il me plaira d'entrer en ménage. Qu'en dites-vous? pour ne m'avoir vue qu'une seule fois, toute petite, au berceau, la bouche ouverte et les yeux dormants. Aujourd'hui, comme je n'ai plus de secrets à garder, je puis bien tout vous dire. Mais ne froncez pas le sourcil, et ne vous tourmentez pas d'avance pour des nouvelles qui, après tout, ne sont pas si mauvaises que vous semblez le craindre.

Albert, un peu rassuré, s'établit carrément dans la grande chaise que lui présentait Germaine avec sa bonne grâce habituelle, tandis que son épagneul, qui répondait au nom de *Sémillant*, allongeait son museau tranquille sur deux pattes, à la meilleure place du foyer.

Albert avait jeté son feutre, et la flamme éclairait sa belle tête bretonne, au profil de gerfaut, corrigé par un doux et profond regard, et une bouche exquise dans sa courbe irréprochable, ombragée d'une fine moustache noire. Il secoua brusquement sa grande chevelure mouillée, et un vif éclair de bonté lui passant dans les yeux:

—Voyons, ma petite Germaine, raconte-moi ce que tu sais. Et d'abord, est-ce à un héritier de l'Anglais que la propriété....

—Non. Cette fois la terre de France est rachetée par un Français.

—Un gentilhomme?

—Pas précisément, mais un notable personnage, considérable et considéré, fort aimé dans son département, membre du conseil général, et député, s'il vous plaît, homme richissime, un filateur de Rouen, M. Grandperrin.

—Grandperrin? Je ne connais pas ce nom-là. Mais le piano.... Ce n'est pas M. Grandperrin, je suppose....

—Non, certes. C'était Mlle Alise d'Évran (inclinez-vous devant ce beau nom), fille de Mme la marquise d'Évran dont, sans vous désobliger, la noblesse est d'aussi pur froment que la vôtre.

—Quel rapport entre Mlle d'Évran....

—Et M. Grandperrin? Attendez, vous désirez tout savoir avant d'avoir entendu. Mlle Alise d'Évran est la belle-fille de M. Grandperrin par cette raison bien simple que M. Grandperrin a épousé Mme veuve la marquise d'Évran, sa mère.

—Assez forte mésalliance entre l'hermine et le blaireau.

—Vous en parlez bien à votre aise, vous, monsieur Albert. Et la rigueur des temps, vous n'en tenez pas compte? Vous ne savez pas que ce pauvre marquis avait risqué et perdu presque tout son avoir dans une entreprise industrielle où il ne voyait pas clair ... qu'il avait laissé sa veuve ruinée, d'une santé très compromise, avec une charmante petite fille aux yeux superbes, mais qui toussait à en faire frémir, et qui n'avait plus qu'un souffle.... M. Grandperrin, depuis longtemps reçu et estimé dans la famille, et déjà riche à millions, est venu à point dans une heure de crise, a demandé très humblement sa main à Mme d'Évran, qui, ne songeant qu'à sa chère petite presque mourante, et dont l'avenir était noir, a consenti par amour maternel.... Et voilà comme Mlle Alise d'Évran est devenue la belle-fille de M. Grandperrin....

—Circonstances atténuantes, répondit Albert avec un soupir d'allégement. C'est égal, pour la marquise d'Évran, s'appeler Mme Grandperrin, c'est dur....

—Peut-être, reprit Germaine. Mais depuis, la petite fille a grandi dans l'or et dans la soie, comme une belle enfant dorlotée, gâtée, adorée. Autrement, elle n'eût pas vécu et ne fût pas devenue la grande demoiselle que vous auriez pu voir si vous étiez entré cinq minutes plus tôt.

—Charmante, un modèle de perfections, n'est-ce pas? dit Albert avec une nuance d'ironie.

—Sans doute, fort belle à tous égards, ni trop sérieuse, ni trop enjouée, pensant juste, parlant bien, et marchant avec une grave élégance.... Mais tenez ... brisons là, vous m'en feriez trop dire.

—Une vraie Parisienne moderne, dit gaiement Albert, jouant *Orphée aux Enfers* et *Giroflé-Girofla*.

—Oh! reprit vivement Germaine, vous qui chantez si bien, soit dit sans compliment, si vous entendiez de sa main Mozart et Beethoven, dès la première note vous comprendriez qu'elle a su garder le respect des maîtres.

—Mais tu m'en parles, dit curieusement Albert, comme si tu la connaissais de très longue date.

—Certainement.... Quand j'arrivai pour la première fois au couvent de Rennes, toute petite et un peu confuse dans ma courte jupe de cotonnade, Mlle Alise s'y trouvait déjà parmi les grandes. Et malgré la différence d'âge et de race, elle vint à moi avec tant d'accueil, un sourire si charmant, que je l'aimai à première vue, et depuis, je ne l'ai jamais oubliée. Trois ou quatre fois depuis ma sortie du couvent, en allant voir Cancale ou le mont Saint-Michel, elle est venue, comme une bonne fée souriante, dire bonjour en passant à sa petite Germaine, et je vous avouerai que j'ai contribué, pour ma part, à l'achat de la propriété par M. Grandperrin.

—Et sais-tu, Germaine, dans quel but il a fait cette acquisition de nos immeubles? Est-ce pour y bâtir une maison de plaisance, y construire un château moderne en vieux style, ou simplement pour y jouir du revenu des terres en honnête et bon propriétaire? Peut-être celui-là consentirait-il?...

—A vous vendre à part, n'est-ce pas, vos ruines de famille? Toujours cette idée fixe, dit Germaine en se touchant le front, mais avec un sourire et un regard d'ineffable commisération, comme si elle répondait à un enfant malade. Sur ce chapitre-là, monsieur Albert, vous m'en demandez trop long ... je n'en sais rien.... Mais, tenez ... voilà justement maître Gerbier qui passe dans la Grande rue. Il a rédigé l'acte de vente, et pourra vous renseigner mieux que moi.

—Tu as raison. Au revoir, Germaine. Allons. *Sémillant.*

Et le chien et son maître partirent comme un éclair.

Dès qu'ils furent au bas de l'escalier, une tête rieuse et spirituelle, encadrée d'une luxuriante chevelure châtain-clair, apparut entre les rideaux entre-bâillés, qui s'écartèrent brusquement.

—Ouf! dit Alise d'Évran, je dérogeais à ma dignité de demoiselle bien née dans ce rôle d'écouteuse ... et je commençais à manquer d'air. Mais j'ai pu tout voir et tout entendre.

—Et que pensez-vous de notre visiteur, mademoiselle?

—Quel drôle de garçon! Il a quelque chose de doux et de fier, qui ne lui va pas mal, et j'avoue que, pour un gentilhomme rural, il n'a pas l'air trop satisfait de sa personne, ce qui ne me déplaît pas.

—Ah! pour celui-là, mademoiselle, à coup sûr, la fortune ne l'a pas gâté. Il a pourtant, en manière d'acquit, terminé consciencieusement toutes ses études de droit et commencé son stage d'avocat à Paris même; mais le métier de robin et la vie casanière lui répugnant d'instinct, il est revenu simplement au gîte pour y planter ses choux, comme ont dit, ou plutôt pour y battre nos bruyères.

—Et pourquoi n'est-il pas entré dans la marine, cette belle voie toute grande ouverte aux aventureux? Il aurait très bien porté l'uniforme, et serait aujourd'hui, à trente ans, je suppose, officier supérieur. Avec sa fière mine, l'épaulette d'or lui vaudrait mieux que la veste de chasse et son chien aux talons.

—Sans doute, mais il n'a pas voulu quitter sa vieille tante aveugle, seul débris de sa famille, qu'il adore comme un fils. A cause d'elle, il a renoncé courir le monde.... Et ici ils vivent tranquillement à deux avec cinq ou six mille livres de rente. Je dis tranquillement, non pour lui, car Dieu sait s'il est tourmenté par une idée fixe, qui le hante jour et nuit: il voudrait pouvoir racheter les ruines du château de ses pères, qui ne furent jamais à vendre en lots séparés, un coin de parc et ses ruines, seulement. L'Anglais n'a jamais voulu en entendre parler ... et d'ailleurs, seraient-elles à vendre, sa mince fortune n'y suffirait pas.... Voilà le papillon noir de sa vie....

—Et qui l'empêchait d'épouser une femme riche dans le pays? A Dol, à Combourg, à Fougères, il n'en doit pas manquer qui se fussent trouvées heureuses et honorées de porter son nom, et dont la fortune....

—C'est précisément ce que lui a souvent répété Mlle Berthe, sa digne tante, aveugle très clairvoyante, je vous assure. Mais il a constamment répondu qu'il n'était pas un coureur de dots. Voilà son dernier mot et où nous en sommes.

—Quel singulier personnage! reprit Alise, moitié songeuse, moitié souriante. Il faudra sans doute que la demoiselle qui pourrait en vouloir vienne lui demander sa main. C'est le monde renversé. Il s'est fort peu inquiété, du reste, du portrait flatteur et à grands traits que tu esquissais de mon humble personne ... et comme il a dégringolé dans l'escalier avec son quadrupède, quand tu lui as parlé de ses ruines et de Maître Gerbier!

—Chez lequel vous dînerez aujourd'hui avec M. Grandperrin. Il doit arriver ce soir à six heures précises. Le notaire invitera peut-être aussi M.

Albert, et bien que très sauvage, il acceptera, pour la question qui l'intéresse si gravement ... j'en mettrais ma main au feu.

III

Il n'est pas si facile qu'on pourrait le croire au premier abord, de vivre en paix dans une petite ville ou dans un bourg de province. A Paris, chacun fait ce qu'il veut ou ce qu'il peut, perdu comme un libre oiseau dans la grande forêt; mais en province nous habitons des maisons de verre, où tous nos actes sont contrôlés par les nombreux voisins qui n'ont rien de mieux à faire. En tenant compte des vanités en jeu, des amours-propres froissés, des personnalités jalouses, on comprend sans peine que, pour un petit nombre de gens groupés sur une motte de terre, il est aussi difficile de s'entendre que sur le pont d'un navire en mer, ou entre les quatre murs d'un étroit couvent. Heureusement qu'à son bord, maître après Dieu, le capitaine a droit de vie et de mort sur l'équipage, et que dans un monastère, le supérieur tient la règle absolue dans sa main: la hiérarchie et la discipline sauvegardent l'ensemble et le détail. Chacun sait à quoi s'en tenir. Cela suffit à la rigueur; mais dans une petite ville, dans l'épanouissement des libertés municipales, c'est tout autre chose.

Cependant, par une très rare exception aux règles générales, dans le bourg de Rhuys, moitié breton, moitié normand, et composé de deux longues rangées de maisons curieuses, aux deux bords de la route, baptisée du nom de Grande rue, les trois personnages principaux de l'endroit avaient résolu ce difficile problème de vivre en assez bonne harmonie, comme des êtres intelligents et d'honnête compagnie: l'abbé Dufresne, curé de la paroisse, le médecin des âmes; le docteur Le Bihan, chargé des cures corporelles, et maître Gerbier, déjà nommé, minutant les divers contrats de sa nombreuse clientèle. Ils se voyaient journellement en très bons termes, et ces deux derniers avaient leur banc à l'église. La foi du docteur était peut-être à dose homéopathique, et on eut trouvé, sans doute, un grain de scepticisme au fond des croyances de maître Gerbier; mais il n'y paraissait guère. Ils écoutaient religieusement la messe du dimanche, et même parfois les vêpres des grands jours.

Ajoutons que ces trois honorables personnages n'étaient pas absolument dédaigneux des biens de la terre: la table de M. l'abbé se recommandait par les plus beaux fruits de la contrée, mûris dans ses jardins: pêches d'espalier d'un pourpre noir à faire envie aux couleurs des scabieuses, poires fondantes teintées d'aurore, venues de ses vieux arbres en quenouilles, et grosses rainettes à côtes, d'un jaune safran, parfumées comme des fleurs de rosier sauvage. Le docteur était renommé pour les sauces relevées et les condiments de haut goût: salmis de bécassines, coulis d'écrevisses, matelottes de carpes et d'anguilles, et surtout une merveilleuse sauce au lièvre, à consistance d'opiat, et d'un accent à faire perler les tempes des plus braves. Quant au notaire, il avait la spécialité des crèmes, grâce à Mme Gerbier, et dans le ministère de son intérieur, soignait particulièrement ses vins. Les meilleurs crus de Bourgogne et de Médoc se dépouillaient paisiblement dans ses caves, en attendant l'heure solennelle où maître Gerbier, avec une paillette de joie dans l'oeil, à travers ses lunettes à branches d'or, versait d'une main recueillie le précieux liquide, authentique et vermeil, dans ces fins verres de mousseline transparents et hauts sur tige, qu'on pourrait prendre pour des tulipes de cristal.

On pense bien que, pour faire honneur à M. Grandperrin, son nouvel acquéreur, maître Gerbier n'oublia pas ses deux voisins, et quand le comte Albert de Rhuys, descendu précipitamment de chez Germaine, vint à le rencontrer dans la rue:

—Cela se trouve à merveille, monsieur le comte, dit en souriant maître Gerbier (la politesse en personne), j'allais précisément chez vous, pour vous prier de vouloir bien être des nôtres ce soir même. Notre nouvel acquéreur (pardonnez-moi si ma réserve professionnelle m'a fait garder le silence jusqu'à présent), le nouvel acquéreur des immeubles en bloc de ce pauvre M. Wilson, M. Grandperrin, arrive à six heures précises, et dîne à la maison.

—Mais, dit Albert en feignant une assez vive surprise, quel homme est-ce que ce M. Grandperrin?

—Un homme très recommandable, fort intelligent, et tout rond, qui vous regarde bien en face; un des grands industriels de notre monde moderne, quelque chose d'anglo-américain, bien qu'il soit né de parents français sur le terroir du Cotentin. Mais ne vous y trompez pas, ce n'est pas le premier venu, tant s'en faut. C'est un vrai fils de ses oeuvres. A l'époque de mon dernier voyage à Paris, je l'ai entendu à la Chambre, et bien qu'il n'y eût à l'ordre du jour qu'une simple question pécuniaire, emprunts, obligations, reports et différences, je suis resté sous le charme de sa parole brusque et autorisée. A l'aise à la tribune comme chez lui, sans phrases, souvent les deux mains dans ses poches, avec sa grosse verve de financier gouailleur, qui se borne à l'éloquence des chiffres, si vous l'aviez entendu, si vous aviez pu voir miroiter ses dividendes, c'était à vous en faire venir les millions à la bouche. Il ferait un très bon ministre des finances, et sûrement il le deviendra. Ah! c'est un rude adversaire pour les petits avocats verbeux qui osent se croire des hommes d'Etat, et pour messieurs les généraux, qui, non contents de leur gloire militaire, voudraient passer pour des orateurs. Sa rude logique, à bonds de sanglier, culbutait leurs arguments comme des châteaux de cartes.

—Tudieu! maître Gerbier, quelle chaleur d'âme pour votre nouveau client! Mais puisque vous le connaissez si bien, dites-moi, je vous prie, croyez-vous que ce nouvel acquéreur serait disposé ... consentirait....

—Ah! monsieur le comte, vous revenez à votre idée fixe, très naturelle et très légitime du reste, le rachat des ruines, n'est-ce pas?

Albert fit un signe affirmatif.

—Sur cette question-là, reprit gravement le notaire, je ne vous dissimulerai pas que M. Grandperrin n'a rien d'artiste, qu'il manque absolument de lyrisme. Lamartine et Chateaubriand sont pour lui des livres fermés; il n'a guère le sens féodal, et, franchement, je crois qu'il serait difficile à prendre par le côté des croisades. Mais nous verrons, comptez sur moi pour agir au mieux de vos intérêts et de votre désir. Si je vous ai prié d'être des nôtres pour ce soir, croyez-le bien, c'est d'abord pour avoir l'honneur de votre compagnie, mais aussi pour vous mettre en relations directes avec le nouvel acquéreur lui-même. Ne précipitons rien. Vous ne doutez pas de mon appui sérieux, si je puis vous être bon à quelque chose.

—Merci! mille fois, mon cher monsieur Gerbier. J'accepte avec grand plaisir. A ce soir donc.

IV

A six heures, tous les invités se trouvaient réunis. Mme Gerbier, en femme bien apprise, qui connaît son monde, et très heureuse d'ailleurs de recevoir, fit les présentations d'usage avec la meilleure grâce et sans gaucherie provinciale; ayant toujours eu les plus grands égards pour la noblesse et le clergé, sans dédaigner l'intelligence du tiers-état qui s'enrichit honnêtement.

A sa droite souriait l'abbé Dufresne; à sa gauche, M. Grandperrin était carrément établi dans sa chaise. Maître Gerbier, cravaté de blanc, rayonnait d'une façon discrète, près de Mme Grandperrin (veuve marquise d'Évran), et le comte de Rhuys se trouvait près de Mlle Alise, en robe maïs à noeuds de velours noir. Les autres convives avaient été répartis dans l'ordre le plus harmonique au double point de vue des convenances et des caractères. A la louange de Mme Gerbier, disons que, sans être encombrantes, les fleurs n'avaient pas été oubliées. De riches bouquets de plantes ornementales (plantes de rivière et plantes de jardin) étaient fort habilement disposés, de manière à réjouir les yeux sans gêner le regard, et permettre à tous les convives de se bien voir et de s'entendre.

Comme l'avait dit Maître Gerbier, M. Grandperrin était un homme tout rond: figure ouverte, cheveux blonds frisés et favoris en côtelettes, également frisés. Né sous une heureuse étoile, il s'était développé dans le sens naturel de ses aptitudes. Fils d'un petit filateur, il était devenu gros filateur. Trapu, de taille moyenne, avec l'intelligence des chiffres, une santé robuste et une volonté non moins robuste, il était devenu très vite un des importants capitalistes de l'époque. C'était un excellent convive, bon mangeur et buveur sérieux sans craindre pour sa raison. Il y a des buveurs intelligents, comme il y a des buveurs bêtes. Lui était un buveur intelligent. On prétendait même que c'était presque toujours après un ample déjeuner qu'il avait remporté ses plus beaux triomphes de tribune et donné ses meilleurs coups de boutoir parlementaires. «Ce diable de Grandperrin, disait-on à la Chambre, quand il est sur lest avec ses trois verres de Porto, ses chiffres nous parlent tout seuls.» Que voulez-vous! Il avait su prendre la vie par ses bons côtés; gardait sans doute une ligne de chance dans sa grosse main nerveuse, et tout lui avait réussi ... puisqu'il avait obtenu la marquise d'Évran, la seule espérance qui lui semblât d'abord impossible à réaliser. Mais il s'était fait si humble, avait paru si dévoué, avec tant de sincère abnégation dans ses paroles émues, près du berceau de la petite Alise presque mourante, que la marquise avait laissé prendre sa main, bien froide d'abord.... Avec le temps elle avait fini par apprécier la rare valeur de l'homme, mine d'or par le coeur et intarissable banquier pour sa famille, payant toujours royalement, sans l'ombre d'un sourcil circonflexe, les notes les plus formidables des modistes et des couturiers, et disant parfois avec un adorable sourire de bonhomie: «A quoi

servirait tant d'argent, si ce n'était à donner un peu de joie à ceux qu'on aime?»
Il dépensait à peine les trois quarts de ses revenus, et la mère et la fille
passaient pour des élégantes du meilleur style dans les salons parisiens.

Le comte Albert, placé près de Mlle d'Évran, avait attendu avec la plus
courtoise déférence, que la robe maïs eût apaisé son bruit dans toute son
ampleur, puis il vint s'asseoir à sa droite et se trouva bientôt sous le feu direct
de deux grands yeux intelligents et spirituels, qui n'avaient l'air de rien voir et
se rendaient compte de tout, dont les paupières étaient frangées de longs cils
et dont l'iris était brun.

Il ne put se défendre d'admirer avec un sourire d'artiste les libres
inflexions d'un cou charmant, vigoureux et d'un blanc mat, que faisaient
valoir, dans toute l'harmonie de ses lignes, le corsage un peu échancré et
l'opulente chevelure châtain clair relevée à grandes ondes de moire avec des
miroitements superbes. Il remarqua également de petites oreilles
merveilleuses dans leur volute diaphane, oreilles musicales si jamais il en fut,
vraies fleurs de chair où de fins diamants tremblaient comme deux gouttes
de rosée.

Et malgré lui il se prit à songer à ces immortelles naïades qui, dans nos
bas-reliefs de la Renaissance, versent d'un bras arrondi l'urne penchée de leur
fontaine, types d'aristocratie, de jeunesse et de grâce mondaine, que le génie
d'un statuaire a su trouver parmi les belles rieuses de la cour de France, en y
mêlant un pur souvenir de la Grèce antique.

Albert de Rhuys comprit, du premier regard, que Mlle Alise d'Évran
n'avait aucun doute sur son incontestable et fière beauté qu'elle était
parfaitement sûre d'elle-même et à l'aise dans sa robe et dans la vie comme
un libre oiseau dans sa plume et dans l'air.

La bonne et grosse gaieté verbeuse de M. Grandperrin avait de prime
abord mis tout le monde à son aise. Après les premiers bruits de cuillers et
de fourchettes, la conversation naissante se prit à battre la campagne à travers
les généralités courantes. Il fut question de la contrée et des environs curieux
à voir, du mont Saint-Michel et de ses fameux sables,

Source de tant de fables,

et des belles rangées de tamarix ondulant aux deux bords de la route;
de Cancale et de l'île des Rimains; d'Avranches et des profondes vallées
rocheuses de Carolles qui lui donnent l'aspect de Jersey; de Dinan sur la
Rance, et du cap Fréhel, qu'on visite en barque par les temps calmes; et de
Saint-Malo et du grand Bey, où dort Chateaubriand.

A propos de sa tombe, le comte Albert eut une sortie assez vive:

—Au lieu d'un mince grillage et de cette petite croix mesquine à peine émergeant du roc, j'aurais compris, s'écria-t-il, une haute croix de granit, qu'on pût saluer du large, à cinq ou six lieues en mer, et disant de loin aux marins qui passent: «Là, près de son berceau, repose quelqu'un de grand dont la France se glorifie.»

—Je suis absolument de cet avis, répondit Mlle d'Évran, d'une voix musicale un peu grasseyante d'un charme incomparable d'imperfection dans son timbre perlé.

Le comte s'inclina tout fier de cette approbation.

En habile maîtresse de maison, et en femme de tact, Mme Gerbier n'aborda qu'un peu tard le chapitre de la fameuse propriété dont son mari avait passé l'acte de vente. Ce ne fut guère qu'au dessert qu'elle parla pour la première fois à M. Grandperrin de son acquisition, et de tous les points de la table ce fut un vrai concert d'éloges.

—Monsieur, insinua adroitement à M. Grandperrin maître Gerbier, la bouche encore sucrée par une grosse poire de beurré d'Aremberg, monsieur, sans être trop indiscret, puis-je vous demander si votre intention est de faire des constructions nouvelles dans le pays, et si vous devez conserver intacte la région des ruines?

—Ma foi, je n'en sais trop rien encore. La question vous intéresse, paraît-il?

—Oui, peut-être, mais indirectement. A propos de ces ruines, je sais quelqu'un tout disposé à racheter, si faire se pouvait, les ruines seules et un coin du vieux parc y attenant. Permettez-moi d'ajouter que ce coin de vieux parc ne vaut guère mieux que les ruines, pécuniairement. Ce sont deux non-valeurs, à proprement parler.

—C'est votre opinion bien fondée, je pense? répondit M. Grandperrin.

—Assurément. Figurez-vous un fouillis d'arbres inextricables où il fait nuit en plein jour, où rien n'est aménagé (on n'y a pas fait une seule coupe depuis trente ans). Ces antiques futaies chevelues et enchevêtrées ne seraient bonnes ni pour la marine, ni comme bois de charpente. Toutes les avenues sont encombrées de vieux chablis, branches vermoulues, tombées au vent d'hiver. On n'y marche plus guère que dans la poussière de bois mort.

—Et qui diable en pourrait vouloir dans ces conditions-là? fit joyeusement M. Grandperrin.

—Dame, reprit maître Gerbier devenu sérieux, quelqu'un y attachant une simple valeur morale, comme souvenir de famille, votre voisin d'en face, M. le comte de Rhuys....

—Monsieur le comte, ajouta M. Grandperrin, je ne puis de prime abord vous dire ni oui ni non. Ne prenez pas ma réponse pour une parole de Normand. Vous allez vite la comprendre. Je n'ai pas encore vu la propriété. J'ai acheté sans voir, pas tout à fait en aveugle pourtant. D'une part, Mlle d'Évran m'avait dit que le pays pittoresque et accidenté lui plaisait; d'autre part, mon homme d'affaires, venu cinq ou six fois dans la contrée, avait préalablement flairé le terrain; je savais, à n'en pouvoir douter, que tous les immeubles étaient d'un très bon rapport; j'étais donc sûr de ne pas m'enliser dans une mauvaise entreprise. Mais, pour en revenir à votre désir personnel, demain, dans l'après-midi, si vous le voulez bien, nous ferons ensemble une promenade aux ruines. Je prendrai l'avis de Mme Grandperrin, consulterai Mlle d'Évran, et si rien ne s'y oppose....

—Pour ma part, dit Mlle Alise, je connais déjà ces ruines, je ne vois aucune objection à leur vente partielle, et je pense également que ma mère....

Mme d'Évran l'approuva d'un signe de tête, le comte Albert la remercia d'un éloquent regard, et une vive rougeur lui empourpra les joues. L'espoir renaissait en lui. En quelques instants ce ne fut plus le même homme, sa brusque sauvagerie s'humanisa, et il semblait presque heureux quand on se leva de table pour prendre le café dans la chambre voisine, où l'on apercevait le piano de Mme Gerbier, deux petites tables de jeu avec leur tapis vert, et des albums de photographies à tranches d'or sur une grande console en bois des Iles.

Le whist et les échecs eurent tort ce soir-là. On avait dîné tard, on fit simplement un peu de musique après le café. Le piano était neuf et bon. Mme Gerbier plaqua les premiers accords et acheva très correctement deux ou trois valses en vogue d'un opéra-bouffe quelconque; mais son jeu, d'une teinte neutre, contribua singulièrement à faire valoir l'exécution nerveuse et colorée de Mlle d'Évran, qui lui succéda sans se faire prier, et aborda les oeuvres de grand style de Weber et de Beethoven comme si l'âme des maîtres passait en elle. Le comte Albert la complimenta sans réserves et sut trouver à propos quelques paroles ferventes qui furent très bien accueillies.

—Eh bien! répondit-elle, souriante, s'il en est ainsi, puisque vous êtes réellement satisfait, à votre tour. Mme Gerbier m'a dit que vous chantiez.

Il ne s'attendait guère à cette brusque demande et fut d'abord un peu déconcerté, mais il comprit qu'il ne pouvait balbutier des excuses banales; il essaya pourtant de dire que sa voix s'était rouillée dans la brume du marais, et qu'il avait quitté Paris depuis longtemps, à l'époque de Donizetti et du vieux succès de *Dom Pasquale*.

—Précisément, répondit-elle, Donizetti, frère poétique d'Alfred de Musset, génie d'artiste paresseux; ce sont souvent les meilleurs. Eh bien, nous écouterons la sérénade de *Dom Pasquale*, je vous accompagne de souvenir.

Elle se remit au piano. Il s'exécuta de bonne grâce, et chanta vraiment fort bien cette délicieuse inspiration d'un rossignol au coeur de feu disant l'amour des nuits heureuses.

Sa voix émue, chaude et vibrante, sans faux éclat ni roulades pédantesques, lui mérita les applaudissements de l'auditoire et un très bon point de Mlle d'Évran. Il la remercia vivement de l'avoir si obligeamment accompagné, et vers la fin de la soirée, il la remercia de nouveau pour avoir plaidé si chaudement sa cause dans la question des ruines. Elle comprit à son franc regard et à l'accent de sa voix qu'il y avait dans ses paroles autant d'admiration pour sa beauté que de gratitude pour son intervention généreuse; et ce soir-là, le comte Albert rentra chez lui presque heureux, mais un peu troublé. Il traversa sur la pointe du pied la chambre où Mlle Berthe sommeillait, lui donna, sans la réveiller, un pur baiser filial, et, bien que fatigué par les émotions diverses de sa journée, il eut grand'peine à s'endormir.

La nuit, il aperçut bien encore dans ses rêves quelques fragments des ruines, mais il en vit surgir une image nouvelle, une femme souriante, en robe maïs, qui le regardait fixement. La grande chevelure châtain-clair, librement déroulée, lui descendait jusqu'aux pieds, et dépassait la traîne de la robe sur les pelouses fleuries.

V

Le lendemain, à une heure de l'après-midi, tous les convives de la veille se trouvaient au rendez-vous. Le père de Germaine, familièrement nommé le père Joussaulme, prit une grosse clef des vieux âges, et fit bientôt tourner sur ses gonds rouillés une mystérieuse petite porte basse ouvrant sur les ruines, ruines vénérables qui, depuis vingt ans, n'avaient eu pour visiteurs que des merles ou des rossignols, et parfois, en hiver, une mouette blanche venue de Saint-Malo jusqu'aux étangs.

Les vieilles futaies du parc servaient de cadre aux ruines, et leurs feuillaisons d'automne étaient riches en couleur: les chênes roux, les hêtres jaune d'ocre teinté de feu, et par intervalles la note pourprée d'un néflier sauvage donnaient la plus chaude valeur pittoresque à ce coin de paysage, en plein été de la Saint-Martin.

On admira d'abord. Puis différents groupes se formèrent parmi les promeneurs.

En tête marchaient M. Grandperrin, Maître Gerbier, le père Joussaulme et le docteur, qui se baissait de temps à autre pour cueillir une jusquiame ou un pied de belladone.

Dans les ruines mêmes, Mme Grandperrin Mlle Alise, Germaine, très animée du geste et de la voix, et l'abbé Dufresne, examinant de près, avec son oeil d'archéologue, les curieuses dentelles de la grande rosace.

De l'un à l'autre groupe, et parfois restant un peu en arrière, autant que la politesse pouvait le permettre, le comte Albert de Rhuys, très ému, presque silencieux et fort réservé, songeait à la grave question qui peut-être ce jour même allait se décider pour lui.

Les groupes s'étaient rapprochés, et Maître Gerbier pérorait avec assez d'animation en s'adressant à M. Grandperrin.

—Vous le voyez, c'est pittoresque, et bon surtout pour un peintre cherchant un motif de tableau; mais, comme j'avais eu l'honneur de vous le dire hier dans la soirée, toutes ces vieilles futaies à branches gourmandes, poussées à tort et à travers, ne valent guère mieux que les ruines effritées. Si on voulait en faire une vente partielle, il n'y aurait qu'à estimer la valeur intrinsèque du terrain.

—Et d'ailleurs, ajouta Mlle Alise, je réponds qu'il y a d'autres parties du parc non moins pittoresques et bien plus accidentées, au delà des étangs. Hier même je les ai vues.

Mme Grandperrin appuya son dire d'un signe de tête affirmatif.

—Fort bien, fit M. Grandperrin, mais quelle étendue voudrait racheter M. le comte de Rhuys?

—De la grille au premier étang, répondit Maître Gerbier.

—C'est-à-dire une contenance de...? reprit M. Grandperrin en consultant Gerbier du regard.

—De dix-neuf à vingt hectares tout au plus. N'est-ce pas, père Joussaulme?

—Plutôt vingt que dix-neuf, répondit ce dernier, flatté d'avoir à donner son avis.

—Estimés combien par hectare? continua M. Grandperrin.

—De neuf cents francs à mille francs, tout au plus, reprit Gerbier. Les terres sont bonnes, mais il faudrait défricher pour en faire des terres arables. D'autre part, en tenant compte du bois qu'on pourrait abattre, restons à mille francs l'hectare, soit une vingtaine de mille francs. Qu'en pensez-vous, Joussaulme?

—C'est un chiffre raisonnable.

—Eh bien, nous allons peut-être pouvoir nous entendre.

Et comme Maître Gerbier se disposait à faire de la main un signe de ralliement au comte Albert, resté un peu à l'écart, par une réserve facile à comprendre:

—Attendez, dit vivement M. Grandperrin, avant de rien décider, je demande un instant de réflexion.

En jetant par hasard les yeux sur les hauteurs, il avait aperçu à mi-côte un ruisseau rapide qui tombait en cascades, et dont les eaux lui semblaient assez bien nourries.

—Comment nommez-vous ce petit cours d'eau?

—Il est connu dans le pays sous le nom de *ru des Ormes*, mais il ne figure pas sur les cartes.

—Ce n'est pas une raison. D'où vient-il?

—La source est tout près d'ici, répondit Maître Gerbier, sur la hauteur même, dans un pli caché de la colline. Il sort d'une belle fontaine que nous pourrons voir, fait plusieurs circuits, paraît et disparaît, suivant la déclivité du terrain, se perd un instant sous les ruines mêmes, et rejaillit au delà du chemin, tout au bas de la côte, pour tomber dans la rivière, en amont du moulin que vous apercevez.

—Le mien, dit le père Joussaulme.

M. Grandperrin s'étant rapproché du cours d'eau, restait tout rêveur (ce qui lui arrivait rarement), et, se caressant la barbe, il semblait ruminer profondément quelque chose. Il ne s'était pas encore prononcé. Le comte attendait avec une impatience fébrile son arrêt définitif, comme un verdict du jury, quand un incident fort imprévu vint troubler le groupe des promeneurs et déranger brusquement l'ordre des idées.

VI

Une chaise de poste à quatre chevaux, lancée à fond de train, et menant grand bruit de roues, hennissements, grelots, fouets et jurons, s'arrêtait court en face de la grille, avec deux postillons en selle, tout flambants neufs du costume traditionnel: longues bottes cirées, culotte jaune, veste courte et chapeaux enrubannés. La portière s'ouvrit à un assez gros garçon d'une trentaine d'années, aux joues fleuries, en paletot de velours marron, et dont le ventre, déjà en saillie, s'arrondissait dans un pantalon clair.

Le nouveau personnage avait trouvé sans doute original de se faire conduire à grand'guides pour éblouir les populations, rangées effectivement aux deux bords de la route avec des yeux écarquillés.

—Tiens! Alexandre, s'écria M. Grandperrin ce farceur d'Alexandre! Il n'en fait jamais d'autres, on le croit à Plombières, et il vous arrive comme une trombe, sans se faire annoncer.

Le voyageur monta la côte et sauta au cou de M. Grandperrin, qui l'embrassa joyeusement et le présenta aux promeneurs:

—Mon neveu, messieurs, Alexandre Grandperrin, associé de ma maison de Rouen.

Alexandre salua tout le monde et il eut pour Mlle d'Évran un sourire familier qui déplut singulièrement au comte de Rhuys; il fut bientôt mis au courant de la question qui s'agitait, et des vingt mille francs regardés comme rémunérateurs; mais dès qu'il aperçut le *ru des Ormes*:

—Mon oncle, vous n'y pensez pas, s'écria-t-il, Vous n'avez donc pas vu ce petit cours d'eau? Il n'a l'air de rien, mais sa force motrice peut être merveilleuse; ce serait justement votre affaire pour la nouvelle usine dont nous avions parlé.

—Mais si, mais si, je l'avais parfaitement vu, tout aussi bien que toi, répondit M. Grandperrin, piqué au jeu (ce diable d'Alexandre a raison, pensait-il), mais je n'avais encore rien dit. D'autres considérations me faisaient réfléchir. Et, quand tu es arrivé, je me demandais s'il n'y aurait pas un moyen de concilier nos intérêts avec le bien légitime désir de M. le comte Albert, à qui je veux être agréable.

Par la plus étrange des fatalités, le *ru des Ormes* passait précisément sous la grande rosace.

—On ne peut pourtant pas déplacer les ruines, disait M. Grandperrin; il y a trop d'arbustes cramponnés, des racines et des branches, aux jointures des pierres ... tout s'écroulerait ... mais peut-être pourrait-on détourner le cours d'eau. C'est à quoi je pensais. Pour creuser un nouveau lit au *ru des*

Ormes, sur fond de roc, il faudrait faire jouer la mine, puis tailler à pic une tranchée, sans compter les frais de terrassement. Le devis de mon ingénieur ne dépasserait pas, je crois, les vingt mille francs que vous êtes sans doute prêt à sacrifier, monsieur le comte. Eh bien, s'il en est ainsi, vous pouvez regarder l'affaire comme déjà conclue entre nous. Dans tous les cas, ce ne serait pas avant l'an prochain que je pourrais établir une nouvelle usine. En attendant, regardez-vous ici absolument comme chez vous; à toute heure, nous absents ou présents, les clefs sont à votre disposition.... D'ailleurs, comme notre séjour ici sera d'un mois, probablement, j'espère bien avoir l'honneur d'être présenté à Mlle Berthe, que Mme Grandperrin désire vivement connaître, et sans doute avant notre départ, nous pourrons faire ensemble quelques promenades dans les environs.

Albert remercia, s'inclina et prit congé de la famille Grandperrin dans les meilleurs termes, mais quand il passa devant Alexandre, ce dernier reçut en plein visage un froid regard qui figea sur place le sourire banal qui d'habitude lui fleurissait aux lèvres.

VII

Albert de Rhuys fit un récit détaillé de sa journée à Mlle Berthe, qui trouva son neveu désappointé, moins triste pourtant, moins désespéré qu'elle aurait pu le craindre. La chère et fine vieille se complut à le faire causer longuement, et comprit sans doute qu'il y avait désormais dans ce coeur-là quelque chose de plus que des *ruines*.

—Autrefois, j'ai connu les d'Évran, dit-elle, surtout la mère de Mme Grandperrin. C'était une femme d'un grand sens et fort distinguée. Malgré la mésalliance de sa fille, sans doute excusable, je ne serais pas fâchée de la connaître.

Le lendemain, vers dix heures, dans un rayon de soleil qui tombait des fenêtres et jetait une barre d'or sur la nappe, la tante et le neveu déjeunaient paisiblement en tête-à-tête. Le comte coupait lui-même, sur l'assiette de Mlle Berthe, de petites bouchées que sa fourchette trouvait ensuite aisément (on se souvient même qu'elle tricotait sans voir), lorsque Germaine entra. Elle apportait une pleine corbeille de ses plus beaux fruits mûrs; Mlle Berthe la remercia et profita de l'occasion pour obtenir quelques détails supplémentaires dans le récit de la veille:

—Et les nouveaux arrivés, où logent-ils, Germaine?

—Mme Grandperrin et Mlle d'Évran, tout simplement chez nous. C'est plus commode pour elles; M. Grandperrin et son neveu, dans la dernière maison du bourg, la plus grande, qu'ils ont louée pour un mois.

Et quand Germaine s'en alla, Albert, en la reconduisant, n'oublia pas de lui demander pour son propre compte:

—Et ce M. Alexandre, venu d'hier seulement? le connais-tu? Quel homme est-ce donc?

—Ma foi! tout le contraire de vous-même, monsieur Albert, un vieil enfant gâté, bien heureux d'avoir un oncle pareil, qui lui passe toutes ses fantaisies. Il l'aime comme Mlle Berthe vous aime (à chacun les siens), et ferme les yeux presque en riant sur ses petites folies. Ce neveu mène grand train à Paris, joue à la Bourse et passe pour un beau parieur sur le terrain des courses.

—Je vois ce que c'est, dit Albert, tout simplement ce que les journaux de Paris nomment *un petit gras* des hautes écuries, un merveilleux du *sport*, un gandin de *Tattersalt*.

—Je ne connais pas bien ces termes-là, monsieur Albert, mais ce doit être quelque chose d'approchant. Quant à la graisse, c'est précisément ce qui le désespère. Il prend des leçons de boxe et d'escrime pour maigrir. Mais ce qu'il perd aux exercices violents, il le rattrape vite à ses déjeuners. Il mange et boit déjà comme son oncle.

—Ton petit doigt en sait long, Germaine. Tu me sembles merveilleusement renseignée.

—Ce n'est pas bien difficile. J'ai connu tous ces détails par hasard; vous savez bien que je suis allée à Paris deux fois: il y a trois ans, puis l'hiver dernier. Mlle d'Évran m'a conduite dans sa loge au théâtre, et même aux grandes séances de la Chambre.

—Encore un mot, Germaine. Ne trouves-tu pas ce M. Alexandre un peu familier avec Mlle d'Évran?

—C'est bien naturel: depuis le berceau, ils sont élevés ensemble ... côte à côte.... Mais depuis qu'elle est sortie du couvent, et lui du collège, elle lui a formellement interdit de la tutoyer, ne répondant qu'à *vous*. Il a bien fallu obéir, et je vous assure qu'elle ne se gêne pas avec lui et goûte fort médiocrement ses plaisanteries, souvent cousues de gros fil. Tenez ... pas plus tard que ce matin, il y a une heure à peine, au moment même où Mlle d'Évran ouvrait sa fenêtre sur le parc, M. Alexandre, pour essayer un fusil neuf, ne trouvait rien de mieux que d'abattre un rouge-gorge qui chantait au soleil sur la grande rosace, et du second coup, presque à bout portant, un pauvre petit faon de chevreuil, qui n'a poussé qu'un soupir en tombant roide avec du sang dans les yeux. Mlle Alise était hors d'elle-même. «C'est odieux et ridicule, a-t-elle dit.—Une autre fois, quand vous tuerez vos bêtes, que ce ne soit jamais sous mes yeux.» Après cela, M. Alexandre n'est peut-être pas un méchant garçon, mais un vaniteux bouffi qu'elle regarde comme un être sans conséquence.

Albert resta inquiet pourtant, et le soir même il aperçut au fond de la grande avenue Mlle Alise à cheval, accompagnée d'Alexandre, tous deux emportés par un galop rapide; et il lui sembla qu'ils étaient bien près l'un de l'autre.... Il sentit comme une dent de couleuvre lui faire en plein coeur une morsure profonde.

—Je suis tout aussi bon écuyer que ce garçon-là, maugréa-t-il, et je n'entends pas que mon *Noir* s'endorme à l'écurie.

Le soir même, il dit à Mlle Berthe:

—Ma tante, vous plaît-il d'être présentée à la famille d'Évran?

—Très volontiers, répondit-elle.

VIII

Mlle Berthe et Mme Grandperrin se comprirent parfaitement, et leur mutuelle sympathie se resserra d'un jour à l'autre. Mlle Berthe vint souvent aux soirées de Mme Gerbier où se trouvait Mme Grandperrin, et fut parfois de leurs promenades en voiture et à pied, tantôt marchant au bras d'Albert, tantôt au bras de Mme Grandperrin, quelquefois s'appuyant à celui de Mlle Alise, qui lui témoigna beaucoup d'égards et de déférence. Elle lui en sut gré, et trouva son timbre de voix très doux, presque chantant. Elle aurait bien voulu pouvoir démêler quelque chose dans les inflexions variées de sa voix caressante, deviner ce qu'elle pensait de son neveu, mais les secrets de Mlle Alise n'étaient pas faciles à pénétrer. «Si je pouvais au moins voir ses yeux», pensait la pauvre vieille; mais en cela l'aveugle se trompait. Elle aurait pu les voir sans être mieux éclairée: car ces yeux-là ne disaient que ce qu'ils voulaient dire.

Pourtant, dès les premiers jours de sa rencontre avec Albert, Mlle d'Évran l'avait à peu près jugé: «Voilà sans doute le gentilhomme vraiment digne de me donner son nom.» Et elle s'était accordé un mois pour réfléchir, pour en faire une étude sérieuse approfondie. La moindre faute de goût, la plus légère infraction aux règles de l'étiquette, une fausse note du coeur suffisaient pour le perdre à jamais dans son esprit. Elle attendait avec une anxiété curieuse, qui n'était pas sans charmes, pour se prononcer en dernier ressort à son égard. Quant à lui, elle avait compris, dès le premier soir, qu'il était bien à elle, subjugué, parfaitement conquis; cela ne faisait pas de doute. Mais elle-même se trouva bientôt prise à ce terrible jeu, comme une baigneuse en rivière, souriant aux eaux limpides et perdant pied sans s'en apercevoir.

Et par une étrange loi des contrastes, la Parisienne pur sang trouvait dans cet amour discret d'un gentilhomme retiré du monde, quelque chose de primitif, de salubre et de fortifiant comme un parfum sauvage de marjolaine ou de romarin, tandis que lui respirait en elle une fine plante de serre, au parfum subtil, exquis et pénétrant comme une fleur de gardénia qui l'enivrait. Ils ne s'attendaient pas l'un et l'autre à cette mutuelle surprise.... Ils se trouvaient ainsi dans la joie profonde d'une rencontre inespérée, après s'être longtemps rêvés avant de se connaître.

Lui était comme effrayé de son amour, et s'était bien promis de ne jamais en rien révéler, de l'enfouir silencieusement dans la profonde intimité de son coeur, à la fois trop humble et trop fier pour en faire l'aveu, adorant Alise pour elle et ne voulant pas qu'elle pût songer un instant qu'il lui ferait l'injure de mendier sa dot, dot considérable au dire de maître Gerbier, qui évaluait à cinq cent mille francs au moins les revenus annuels de M.

Grandperrin, dont la fortune, par moitié, appartiendrait plus tard à Mlle d'Évran.

Sans être précisément jaloux d'Alexandre, type vulgaire, causeur nul, dont le front très étroit se dérobait sous un épais gazon de cheveux ras, Albert restait soucieux cependant et trouvait que ce personnage de famille était beaucoup trop souvent près de Mlle Alise. Aussi ne voulait-il perdre aucune occasion de suivre à cheval les promenades en voiture dans les avenues du grand parc ou dans les bois environnants.

Albert montait un vigoureux petit cheval du pays, noir comme jais, avec une étoile blanche au front, qui se nommait *Érèbe*; à peine sorti de ses landes bretonnes, d'un naturel un peu sauvage, chevelu comme les bons coureurs de l'Ukraine, ayant quelque chose de vif, de svelte, d'allègre et de fier, avec sa narine ouverte et son oeil de feu. Il faisait vaguement rêver des fabuleux hippogriffes chantés par nos vieux conteurs du moyen âge. Secouant sa longue crinière et sa large queue en éventail, avec un hennissement de joie, il s'enlevait comme un oiseau sous la main nerveuse de son maître, qui le maniait avec autant d'adresse que de vigueur, l'arrêtant court au galop, et rivé en selle comme si l'homme et la bête ne faisaient qu'un; tandis qu'Alexandre, perché dans sa rondeur sur un très haut cheval anglais, dit de grande race, et long jointé, manquait absolument de grâce naturelle; il était solide, mais gourmé. Dans sa manière on retrouvait la haute école, la roideur automatique, la rhétorique de manège, et ceux qui le voyaient passer ne se gênaient pas pour se dire: «En voilà un qui a dû payer cher son professeur.» Il n'y avait aucune comparaison possible entre les deux cavaliers, et Mlle d'Évran n'était pas la dernière à s'en apercevoir.

IX

Dans l'intervalle des promenades au parc ou en forêt, il y eut quelques parties de pêche, et Albert ne fut pas fâché d'un incident dont Alexandre se trouva le héros. Devant le pont même de son moulin, le père Joussaulme avait ramassé d'un seul coup d'épervier une très belle friture de goujons. Alexandre voulut avoir son tour, il prit bien son temps, fit en conscience le triage des mailles, ramena un bout du filet sur l'épaule, comme le père Joussaulme, prit entre ses dents une des balles de plomb qui bordent l'épervier, pour lui donner du poids dans son jet, puis il lança brusquement son engin avec la vigueur d'un *rétiaire* antique. Par malheur, il avait oublié de rouvrir la bouche, et emporté par la balle de plomb qui lui restait aux dents, il perdit l'équilibre et fit un merveilleux plongeon, éclaboussant du coup toute la bande affolée des canards, tandis que Mlle d'Évran riait aux éclats. Il n'y avait que trois pieds d'eau dans la rivière, ce qui enlevait toute couleur dramatique à l'épisode.

Le même soir, Albert fut plus adroit et plus heureux. Dans une excursion au marais, par un temps superbe, Mlle d'Évran s'était approchée d'une petite vache bretonne dont la clochette au cou tintait clair, et qui portait sur le front sa chaînette en fil d'acier tordu, coquettement tressée. Elle mangeait tranquillement une poignée d'herbes dans sa main et regardait avec plaisir Mlle Alise (comme les bêtes savent regarder les gens qui les aiment), quand Albert aperçut un taureau venant droit sur la belle promeneuse, l'oeil irrité par le foulard cerise qu'elle avait au cou:

—Prenez garde mademoiselle, et permettez....

Et sans attendre sa réponse, il enleva le foulard d'un geste et déploya ses couleurs vives aux yeux de la bête furieuse qui se rua sur lui. Il fit volte-face comme un toréador, et quand la bête revint une seconde fois, par une manoeuvre habile il contourna le tronc d'un saule creux qui se trouvait à sa portée, mais en agitant toujours le foulard, tandis que le taureau, lancé droit à plein corps, s'envasait jusqu'aux fanons dans un large fossé plein d'eau limoneuse. Rafraîchi sans doute par ce bain inattendu, le taureau disparut sur la rive opposée, tout cuirassé de lentilles vertes, avec des guirlandes de cresson dans les cornes.

Albert s'inclina et rendit le foulard à Mlle d'Évran, qui lui serra vivement la main. Elle était devenue toute pâle. Etait-ce du danger couru par elle? était-ce par crainte pour lui-même? Il n'eut pas la vanité d'y songer.

Mlle d'Évran fut absente deux jours pour une excursion au mont Saint-Michel qu'elle fit seule avec M. Grandperrin. Pour Albert, ces deux jours furent éternels. Il comprit pour la première fois toute la profondeur de son amour. Le monde lui semblait vide. Bien qu'elle fût à quelques lieues seulement, et dût promptement revenir, il eut au coeur une impression de froide solitude comme si elle s'en était allée loin, très loin, de l'autre côté de la grande mer, et qu'il ne dût jamais la revoir. Et durant les deux nuits il entendit sonner toutes les heures à l'église du bourg. La seconde journée, errant comme une âme en peine, il vint et revint plusieurs fois chez Germaine, ne pouvant y revoir Alise, mais espérant du moins retrouver là quelque chose d'elle, et avoir la consolation d'en parler.

Avec Germaine il eut de longs entretiens; il finit par lui dire:

—Germaine, pourquoi Mlle d'Évran ne s'est-elle pas encore mariée?

—Et vous? répondit Germaine.

—Moi? c'est différent.

—C'est toujours différent, reprit Germaine, très sérieuse sur un ton plaisant. Vous pensez bien qu'elle a dû avoir ses raisons, comme vous les vôtres. Elle n'a pas encore trouvé sans doute celui qu'elle a rêvé, et cependant, avec un peu de mémoire, la liste serait longue des prétendants éconduits.

—Ah! reprit Albert curieux.

—Oui, des officiers supérieurs de marine et de l'armée de terre, continua Germaine; des magistrats, présidents et procureurs; des avocats en renom, des commerçants et des industriels; maîtres de forges, raffineurs de sucre, fabricants de Champagne, dont les caves, dit-on, sont assez vastes pour qu'on s'y promène en voiture; nous avons eu jusqu'à un proviseur d'une grande ville du pays chartrain, qui s'est permis d'espérer.... Pour celui-là, je vous assure qu'il n'a pas fait longue antichambre sur le palier des soupirants.

Mais, continua Germaine, il y avait toujours quelque chose à redire. Nous avons trouvé les officiers de terre trop peu instruits ou trop contents d'eux-mêmes, les marins trop absents, les magistrats trop hauts sur cravate et trop gourmés, roides comme les militaires sans avoir la distinction des nobles; les avocats trop vaniteux et trop parleurs; trop prosaïques, les commerçants et les industriels; en somme, tous ces gens-là beaucoup trop intéressés et trop désireux de la grosse dot de la belle fille aux yeux d'or plutôt que vraiment amoureux de Mlle d'Évran. Grâce à Dieu et à son esprit, elle a su se garer de la marée montante, pour se donner le temps de réfléchir et de choisir à son gré; il est probable qu'elle voudra simplement de quelqu'un qui la prendra pour elle-même, et qui, sans être précisément un Narcisse de beauté, sera capable d'apprécier sa rare valeur de femme, un homme ayant la fierté du caractère et la richesse du coeur; ce qui n'est pas si facile à trouver qu'on pourrait le croire, aujourd'hui surtout.

—Elle a raison, parfaitement raison, dit Albert; je comprends mademoiselle d'Évran et l'approuve de tous points. Mais avoue, Germaine, que sa fortune la rend inabordable, et fera sans doute reculer ceux qui seraient peut-être dignes d'elle, et qui, l'aimant comme elle mérite de l'être, se tairont ... n'oseront jamais....

—Ils auront tort, ceux-là, repartit vivement Germaine. Tenez, permettez-moi de vous le dire; je vous connais mieux que vous-même, mon pauvre monsieur Albert. Eh bien, avec votre caractère de rêveur, vous n'arriverez jamais à rien. Votre fierté mal placée vous fera toujours craindre une humiliation.

Ici Germaine changea de voix:

—Et si, au lieu d'être riche, elle était pauvre, que diriez-vous?

—Explique-toi, Germaine.

—Je m'entends fort bien: si elle se marie au gré de son beau-père (M. Grandperrin songe peut-être pour elle à son neveu, ce qui n'aurait rien d'étonnant)....

Albert devint très pâle.

—Dame, dans ce cas-là, continua Germaine, la dot sera belle, moitié de l'immense fortune à chacun. Mais dans le cas contraire, si M. Grandperrin n'approuve pas le choix de Mlle d'Évran, elle est d'âge à suivre sa volonté, à faire les trois sommations respectueuses, pour ne pas dire irrévérencieuses. Et alors, si elle se trouve simplement réduite aux apports de sa mère, elle n'aura pas grand'chose, presque rien pour ainsi dire ... ce qu'elle apportera à son adorateur, ce n'est vraiment pas la peine d'en parler.

A mesure que Germaine s'expliquait, la belle et franche physionomie du comte Albert s'éclairait.... Tout son coeur était comme envahi par un souverain philtre d'espérance; il se sentait revivre et se trouvait de force à remuer le monde.... Il entrait dans un nouvel ordre de pensées. Des perspectives inattendues s'ouvraient à son regard charmé comme de grandes avenues lumineuses.

—Vraiment, dit Germaine, paraissant toute surprise, je n'aurais jamais cru que cette dernière nouvelle pût vous causer une joie si grande.

X

Quand Alise revint, Albert alla au-devant d'elle, ému comme s'il la retrouvait après un long voyage, et qu'il eût failli ne plus la revoir. Cette courte absence de Mlle d'Évran n'était peut-être qu'un petit acte de diplomatie féminine de sa part; toujours est-il qu'à dater de ce jour-là, elle fut parfaitement sûre qu'elle était profondément aimée.

Le lendemain de son retour dans l'après-midi, M. Grandperrin prit son fusil pour lever une compagnie de perdreaux signalée dans un champ de sarrazin; et Alexandre se dirigea vers le moulin Joussaulme, où la veille il avait posé des verveux en rivière sous les yeux du meunier.

Albert et Alise partirent seuls pour une longue promenade dans la forêt faisant suite au grand parc, Albert monté sur *Érèbe*, Mlle d'Évran sur une vive et coquette jument blanche qu'elle avait baptisée du nom *d'Hermine*.

Quand les dernières maisons du bourg furent bien loin derrière eux, lorsque, après un galop rapide, ils entrèrent sous bois et se trouvèrent bien seuls, on eût dit que les chevaux comprenaient la pensée de leurs maîtres; ils se mirent au pas, et quand leurs têtes fines se rapprochaient, le petit Noir mordillait à dents câlines la crinière blanche *d'Hermine*, avec un hennissement clair, qui parfois faisait sourire l'amazone et le cavalier. Tous deux avaient tant de choses à se dire qu'ils gardaient un silence profond. L'automne était doux comme un printemps, si doux que, se trompant de saison, quelques églantiers avaient refleuri. Apercevant une touffe de ces rosiers sauvages:

—Ah! les belles fleurs, dit Alise.

Elle voulut en avoir aussitôt, et quitta l'étrier.... Tous deux arrivèrent ensemble au buisson de roses. Il n'en resta pas une sur la haie. Quand il fallut remonter sur *Hermine*, Albert fit un marchepied de sa main à mademoiselle d'Évran, elle accepta de bonne grâce et s'enleva toute légère en se prenant à la crinière blanche.

Mais quand Albert eut dans sa main ce petit pied de fée, chaussé de gris, petit pied fin bien arqué, spirituel et tout ému, dont il voyait transparaître la cheville rose, et qu'il enserrait de ses doigts convulsifs comme un vif oiseau prisonnier, il perdit absolument le peu de raison qui flottait dans sa tête, et comme en délire il appuya sur le pied divin ses deux lèvres de feu. Elle en tressaillit jusqu'à sa grande chevelure, comme une plante qu'un chaud soleil aurait baisée brusquement dans sa racine et qui en frémirait de toute la hauteur de sa tige.

Elle était pourpre. D'instinct elle étreignit sa cravache comme pour en frapper l'insulteur ... mais la cravache lui tomba des mains, et par une réaction subite, Mlle d'Évran, de pourpre qu'elle était, devint pâle comme une morte....

Ses yeux se fermèrent, elle défaillit et s'affaissa dans les bras d'Albert.... Il reçut pieusement le fardeau sacré, l'emporta près d'une source vive qui pleurait sous les grands arbres, déposa Mlle d'Évran sur la mousse comme un enfant qui dort, enveloppa religieusement des longs plis de sa robe les petits pieds qu'il ne songeait plus à voir, lui jeta de l'eau fraîche au visage, s'agenouilla devant elle et attendit....

Quand elle rouvrit les yeux, comme en sortant d'un mauvais rêve, elle ne parut ni courroucée, ni confuse, mais triste, profondément triste, comme d'une grave infraction à sa liberté individuelle, faute sérieuse qu'elle avait peine à comprendre et qu'elle ne pardonnait pas.

Lorsqu'elle fut à peu près remise de son trouble, elle se leva (*Hermine* arrêtée broutait des branches de saule en attendant sa maîtresse). Albert se disposait à la suivre; elle l'arrêta d'un geste.

—Je n'ai besoin de personne, dit-elle.

Elle se fit un montoir d'un vieil arbre tronqué, se remit prestement en selle et, sans détourner la tête, elle disparut au galop sous les hautes voûtes de la forêt.

XI

Le lendemain se trouvait être un dimanche. A l'heure des vêpres, quand Mlle d'Évran entra dans l'église, Albert et Alexandre étaient près du bénitier. Tous deux lui présentèrent l'eau bénite. Alise toucha le doigt d'Alexandre, et passa devant Albert sans le voir.

Plongé dans un abîme de réflexions désespérées, Albert se demandait comment il pourrait sortir de cette impasse terrible où se perdaient sa tête et son coeur.

Une singulière occasion lui vint en aide.

Alexandre n'avait pas l'habitude de mettre les pieds à l'église. Il y était entré, ce jour-là, par hasard, par pur désoeuvrement, ne sachant trop que faire, pour voir. Il regardait les pratiques religieuses comme une faiblesse bonne tout au plus pour les enfants, les femmes et les vieillards. Quant à lui, il n'admettait que la souveraineté de la raison.

L'abbé Dufresne, ce jour-là prêchait précisément le contraire, disant que la haute intelligence des plus grands personnages n'expliquait absolument rien, que, malgré tous nos progrès scientifiques, il est certaines questions sur lesquelles l'homme du XIXe siècle n'est pas plus avancé que Noé sortant de l'arche; et que l'enfant au berceau, qui n'a pas fait ses dents et bégaye ses premières paroles, en sait tout aussi long que le vieillard de quatre-vingts ans, dont toutes les dents sont parties, et qui radote en sceptique.

Il parla fort éloquemment.

Pendant le sermon, Alexandre eut des accès d'impatience, de petits bâillements étouffés, de légers mouvements d'épaules, certains clignements d'yeux, un jeu de physionomie presque irrévérencieux; il toussa, piétina, se leva brusquement, et, sous prétexte de voir de près les tableaux appendus, il fit une petite promenade, examinant les chemins de croix qui décoraient humblement les murs presque nus de cette pauvre église de village.

Il dérangea même quelques dévotes recueillies, qui reculèrent leur chaise poliment, mais semblèrent toutes surprises d'un tel procédé; enfin, à bout de patience, il sortit au milieu du sermon.

Albert, qui ne perdait aucun de ses mouvements, sortit presque aussitôt, et comme il y avait beaucoup de monde épars dans le cimetière autour de l'église, on put entendre les paroles échangées:

—C'est scandaleux, disait Albert. Agissez à votre guise, en plein air, tant que bon vous semblera, mais non pas dans notre église.

—C'est une leçon? répondit Alexandre.

—Certainement....

—Fort bien, monsieur. A vos ordres, quand il vous plaira.

Albert trouva facilement quatre anciens militaires comprenant ces petites questions-là, et la rencontre eut lieu vers la fin du jour, derrière le grand mur du cimetière, endroit peu fréquenté.

Malgré ses ridicules, Alexandre était brave et n'avait pas oublié ses nombreuses leçons d'escrime. Aux premières passes, les témoins comprirent qu'il était de beaucoup supérieur à son adversaire, et paraît avec plus de méthode et de sang-froid. L'emportement d'Albert lui fit tort. Quand il se fendit à fond, l'âme au bout de sa pointe fiévreuse, l'attaque fut très bien parée, et presque aussitôt, d'un coup droit en pleine poitrine, Albert tomba.

Alexandre eut un mot cruel:

—Pas de chance pour moi: voilà un coup d'épée qui va rendre intéressant ce garçon-là.

Il ne se trompait pas.

Lorsque Mlle d'Évran sut que le comte était blessé dangereusement peut-être, elle comprit qu'elle seule était la vraie cause de cette rencontre. Elle se fit aussitôt de graves reproches à elle-même, elle eut des repentirs, presque des remords, se regardant comme responsable de ce qui était arrivé.— L'épisode de la veille, dans sa promenade en forêt, s'éclaira d'un nouveau jour à ses yeux. Elle se trouva ridicule dans son rôle de petite pensionnaire effarouchée pour un simple baiser sur la pointe du pied, baiser fervent, sans doute, puisqu'elle en avait tressailli de tout son être, mais innocente peccadille après tout, qu'elle avait encouragée, presque autorisée par la franche sympathie de son accueil, ses regards, ses sourires ou ses paroles émues dont elle ne se rendait pas bien compte. Si un galant homme, ébloui par son ravissant petit pied de Cendrillon, s'était oublié jusqu'à y porter ses lèvres, il fallait qu'un ardent et profond amour eût parlé plus haut que la froide raison; si le comte avait un instant perdu la tête, ce grand crime était bien excusable. Et comme il a dû souffrir, le pauvre garçon, pensa-t-elle, quand, avec une attitude résignée et des regards suppliants, il m'a offert l'eau bénite que j'ai méchamment prise au doigt de ce gros fat d'Alexandre. Après tout, le comte Albert a prouvé qu'il préférait une mort immédiate à mon indifférence, et s'il est coupable, cette légitime folie d'amour est déjà trop cruellement expiée. Et résumant toutes ses réflexions dans cette dernière pensée, Mlle d'Évran courut en hâte chez Mlle Berthe.

Il était nuit ... elle frappa ... personne ... mais par la porte entre-bâillée passait une longue bande de lumière. Elle entra, guidée par cette lumière, suivit un long corridor, et pénétra, sur la pointe du pied, jusqu'à la chambre du fond.

Mlle Berthe était assise dans son grand fauteuil, muette et pleurant, près de l'oreiller de son neveu. Dormant d'un mauvais sommeil, Albert parlait en rêve, et prononçait un nom de femme ... le sien ... Alise ... Alise....

—Toujours ce nom-là, mon pauvre Albert, soupira Mlle Berthe.

L'aveugle n'avait pas encore entendu le pas assoupi de Mlle d'Évran, et se croyait seule. Mais un sanglot mal étouffé d'Alise lui fit dresser l'oreille, et se levant les bras tendus:

—Qui est là? dit-elle.

Alise prit ses deux mains, la fit se rasseoir, et s'agenouillant devant elle:

—C'est moi ... Mlle d'Évran.

Et elle ajouta tout bas:

—Votre fille.

—Ah! ma chère enfant! dit la pauvre vieille.

Et elle s'affaissa dans son fauteuil, enveloppant Alise de ses deux bras.

Quand le torrent des larmes eut débordé:

—Vous êtes venue seule? dit Mlle Berthe.

—Oui, répondit Alise.

—Va, dit vivement la vieille à sa petite servante qui rentrait, va vite chez Mme Grandperrin, et dis-lui que Mlle Berthe de Rhuys désire instamment la voir et lui parler. Ramène-la si tu peux.

Mme Grandperrin arriva, comprit tout et remercia avec larmes Mlle Berthe ... qui prit la main de Mlle d'Évran, la mit dans celle de sa mère et leur dit:

—Maintenant, partez vite ... il faut éviter toute émotion trop vive à mon cher enfant.... Embrassez-moi encore, Alise. Quand il le faudra, je lui dirai que vous êtes venue et que ... vous êtes sa femme.

XII

M. Grandperrin n'était pas homme à se payer d'histoires sentimentales. Il aimait d'ailleurs franchement son neveu, auquel tôt ou tard il destinait Alise. De cette manière-là, pensait-il, ma fortune ne sera pas morcelée: tout restera en famille.

Il voulut avoir avec Mlle d'Évran un sérieux entretien. Pourtant cet homme pratique, d'une rare intelligence dans les affaires, célèbre par de grands succès de tribune, qui n'avait pas reculé devant la faconde engluée des avocats les plus retors, et qui, à la Chambre, avait tenu bon contre les charges à fond de train des plus impétueux généraux, cet homme se trouva embarrassé, un peu interdit, presque petit garçon devant cette belle et grande jeune fille qui le regardait simplement de ses yeux clairs, et qui, avec autant de réserve que de dignité dans son maintien habituel, attendait ce que M. Grandperrin avait à lui dire.

Il fallut pourtant commencer.

—Alise, lui dit-il avec un certain trouble dans la voix, saviez-vous qu'Alexandre....

—Alexandre? fit-elle.

—Ne vous a-t-il jamais parlé de ses intentions, de son plus cher désir.... Ne vous a-t-il pas dit que son unique pensée.... Enfin qu'il aspirait à votre main?

—Il ne me l'a jamais fait entendre, et s'il m'en parlait aujourd'hui, je n'hésiterais pas à lui dire, comme à vous-même, la simple vérité.

—Quelle vérité?

—Ma main ne m'appartient plus.

Ici, M. Grandperrin, dont le teint était toujours si coloré, devint très pâle. Il n'en croyait pas ses oreilles. La volonté d'Alise s'élevant contre la sienne lui semblait quelque chose d'anormal, d'impossible. Autour de lui, d'habitude, on ne résistait pas. Ses moindres désirs étaient des ordres pour tout son monde. Quand il reprit la parole, il avait des tremblements dans la voix.

—Mademoiselle (il n'employait ce terme solennel que dans les circonstances graves), mademoiselle, connaissez-vous bien toute la portée de vos paroles? Avez-vous suffisamment réfléchi à tout ce qu'il y a de sérieux dans une telle déclaration?

—Je crois parfaitement le savoir, monsieur répondit Alise.

—Alors c'est un parti pris de me blesser profondément, de me désespérer?

—Comment pouvez-vous m'attribuer une intention pareille?

—Eh bien! oubliez quelque folle pensée en germe dans votre esprit, et renoncez à des sentiments peut-être irréfléchis....

—Mes sentiments personnels, dit Alise, froissée à son tour, n'ont absolument rien dont je doive rougir; et quelle que soit ma déférence à votre égard, je n'en saurais changer.

M. Grandperrin reçut un nouveau coup mais cette fois il parvint à se maîtriser.

—Alise, continua-t-il, avez-vous eu jamais quelque grave reproche à me faire ... quelque faute sérieuse commise à mon insu à votre égard?

Elle fit un signe de tête négatif.

—Eh bien, alors, pourquoi ce manque de confiance, pourquoi juger indignes de vos confidences ceux qui vous aiment?... Même, sans me demander mon assentiment, ne pouviez-vous pas m'informer de ce que vous aviez décidé ... me dire que vous aviez librement disposé de vous-même?

—Il n'y a qu'une heure, je n'en savais encore rien moi-même.

—Et à présent, me direz-vous le nom de cet heureux que vous avez préféré?

—Le comte Albert de Rhuys!...

—J'apprécie ses rares qualités, sans doute, mais bien mince est sa fortune, vous le savez.

Et il ajouta avec un peu d'hésitation:

—Et la vôtre, y avez-vous songé quelquefois? Vous êtes-vous préoccupée?...

—Jamais, dit-elle. Celui à qui j'accorderai l'honneur de ma main me trouvera toujours assez riche pour lui-même. Pour vous personnellement, monsieur, je vous garde religieusement toute ma reconnaissance pour le passé, mais ne vous demande rien pour l'avenir. Je quitterai votre seuil aussi pauvre que vous m'avez prise au berceau.

Et comme elle se levait en regardant la porte, M. Grandperrin se mit devant elle et lui barra le passage. Il n'entendait pas de cette oreille-là. Par un brusque revirement, il se sentait vaincu devant cet inflexible vouloir d'un grand coeur. Le masque de l'homme sérieux fut sillonné de larmes, il prit Mlle d'Évran dans ses bras et lui dit d'une voix qui tremblait:

—Ma chère enfant, que votre volonté soit faite.... Dormez en paix cette nuit. Et il la ramena tout ému sous le toit de Germaine, où Mme Grandperrin attendait sa fille.

XIII

Le soir même, en rentrant, il eut une dernière explication avec son neveu, et lui dit presque brutalement:

—Alexandre, tu ne peux pas épouser Mlle d'Évran.

—Parce que?

—Parce que....

—Et encore?...

—D'abord, parce qu'elle ne veut pas de toi; ensuite, parce que sa main est promise à un autre; enfin, parce que, voulût-elle y consentir, jamais, en réalité, cette femme-là ne t'appartiendrait. Tiens, regarde-moi bien en face. Tu me connais un peu, tu sais que pour Mme Grandperrin, l'ancienne marquise d'Évran, sainte et digne femme que j'ai toujours adorée, je donnerais encore jusqu'à la dernière goutte de mon sang; eh bien elle n'a jamais été à moi absolument. Qu'importe le corps, quand l'âme est ailleurs. Comprends-tu? Voilà ce que j'avais à te dire.

—Et Mlle d'Évran, qui épousera-t-elle?

—Qui bon lui semblera.

—Sans doute ce gentilhomme de mince étoffe, qui dans sa personne a gardé quelque chose de don Quichotte et de don Juan ... le comte Albert....

—Précisément.

—C'était bien la peine, reprit Alexandre, de venir dans ce pays perdu pour se butter à un petit hobereau de province, que j'ai égratigné du bout de mon fleuret, et qui sera sur pied avant un mois; le docteur Le Bihan en a répondu.

—Tant mieux, dit M. Grandperrin. D'ailleurs il me plaît, à moi, ce gentilhomme, et désormais je te défends d'y toucher et d'en dire un mot mal sonnant devant moi. Tu as compris, n'est-ce pas? Je veux ce que je veux.

Alexandre savait fort bien qu'avec un oncle pareil, qui par son entêtement légendaire tenait moins de l'homme que du sanglier, il n'avait qu'à se taire; ce qu'il fit prudemment, ses intérêts d'ailleurs pouvant plus tard en être gravement compromis.

XIV

Un mois après, Mlle d'Évran devenait Mme la comtesse de Rhuys, dans la petite église rustique où la bénédiction nuptiale leur fut donnée, pour ne pas déplacer Mlle Berthe.

M. Grandperrin avait mis dans la corbeille de noces l'ancien domaine de Rhuys et une fort belle dot, sans préjudice des dispositions à venir.

Les nouveaux mariés ne reculèrent pas devant le devis de l'architecte, comme l'ancien notaire de Vitré. Un petit château moderne, un peu dans le style de l'ancien, fut édifié sur la hauteur, à la source même du *ru des Ormes*, qui put librement continuer son cours dans le voisinage des *ruines*, intégralement respectées.

L'abbé Dufresne baptisa le premier-né, qui fut un garçon, et le docteur Le Bihan, convive aimable, sans pédantisme, vint souvent en ami plutôt qu'en médecin, chez ses bienheureux hôtes.

M. et Mme Gerbier devinrent également les habitués du château, où le comte et sa femme passaient, chaque année, la plus grande partie de la belle saison, restant trois mois d'hiver à Paris et un mois ou deux en voyage.

XV

Un an après la cérémonie nuptiale, Germaine, en ouvrant sa fenêtre au soleil du matin, aperçut de loin, sur les hauteurs du chemin, un personnage qu'il lui sembla reconnaître, M. Alexandre.... C'était lui, en effet, mais sans chevaux de poste cette fois, venu à pied simplement par la station du nouveau chemin de fer.

—Tiens! M. Alexandre, dit-elle, tout seul. Qui vous amène quand les habitants du château sont en voyage? Prenez donc la peine de vous asseoir.

Il obéit, après avoir ôté poliment son chapeau, s'essuya le front, suant un peu de sa marche, se réchauffa les pieds refroidis dans la brume du matin; puis, regardant Germaine d'un oeil admiratif où se trahissait une certaine émotion:

—Mademoiselle, lui dit-il sans ambages, je suis venu simplement vous demander à vous-même si vous consentiriez à vous nommer Mme Alexandre Grandperrin.

—Désolée, monsieur Alexandre. Vous êtes venu trop tard, ma parole est donnée. En voyant Mme Gerbier si parfaitement heureuse, j'avais également rêvé d'un notaire. J'en ai trouvé un fait exprès pour moi; un notaire licencié, d'un âge assez mûr pour être sérieux encore assez jeune pour me plaire, et dont la fortune équivaut à peu près à la mienne. Vous le connaissez peut-être, puisqu'il habite votre ville ... c'est M. Georges Durantin, et je vous invite d'avance à la bénédiction.

Quelques mois après, Mme Durantin était citée parmi les femmes les plus élégantes et les plus spirituelles du grand monde ... de Rouen.

Octobre 1875.

Milton Keynes UK
Ingram Content Group UK Ltd.
UKHW010758260424
441811UK00004B/358